Italienische Küche

© Copyright 1992 bei Lechner Publishing Ltd., Limassol Cyprus).

© Copyright 1994 für diesen unveränderten Nachdruck
bei Lechner Publishing Ltd., Limassol (Cyprus).
Alle Rechte vorbehalten.
Printed in the European Union.
ISBN 3-85049-163-3

DIE LEICHTE KÜCHE

*I*TALIENISCHE *K*ÜCHE

*Das moderne Kochbuch für alle,
die gerne vom Süden träumen.*

Inhaltsverzeichnis

Italienische Weine gehören einfach dazu	Seite	6
Antipasti/Vorspeisen	Seite	10
Suppen und Eintöpfe	Seite	18
Pasta und Nudelgerichte	Seite	30
Salate	Seite	64
Pizzen	Seite	78
Italienische Spezialitäten	Seite	94
Fleischgerichte	Seite	108
Meeresfrüchte	Seite	128
Fischgerichte	Seite	136
Gemüsefondue	Seite	144
Gebäck und Kuchen	Seite	146
Desserts	Seite	152
Käseplatte	Seite	158

Italienische Weine gehören einfach dazu

Italien ist der größte Weinproduzent der Welt mit 3000jähriger Geschichte und einer verblüffenden Vielfalt. Etrusker, Griechen und Römer haben die Viticoltura (Weinbau) auf höchstem Niveau gepflegt. Dieser Tradition fühlt man sich noch heute verpflichtet.

Für Laien und Gelegenheitsschöppner verbindet sich mit Italien oft die Vorstellung vom süßlichen Roten in folkloristischer Flasche. Das stimmt höchstens noch bei Billigstsorten. Der **Vino rosso** (Rotwein) vieler Gebiete hat internationale Spitzenqualität, und in allen Regionen wird auch hervorragender **Vino bianco** (Weißwein) gekeltert, ebenso **Vino rosato** (Rosé). Edle Tropfen dürfen sich nur **„secco"** (trocken) nennen, wenn sie keinen oder nur sehr wenig Zucker enthalten – also durchgegoren sind.

International werden unter dem Begriff „trokken" immerhin „weniger als vier Gramm Zucker pro Liter" gebilligt, in Deutschland „weniger als neun Gramm". Das ist in Italien nicht mehr „secco".

Noch etwas Genießerhilfe: Unter **„Uvaggio"** (Mischsatz) versteht man einen Tropfen, der – wie europaweit üblich – aus mehreren Traubensorten gleichzeitig gekeltert ist. Das kann Kreszenzen von hohem Rang (Chianti Classico oder Bordeaux in Frankreich) ergeben. Beim **„Taglio"** (Verschnitt) hingegen wird vergorene Ware vermischt, um nachzubessern. Topqualitäten entstehen daraus natürlich nicht.

Die historisch bedingte Vielfalt der italienischen Weinlandschaft mit 400 Rebsorten (60 sind gängig) macht selbst bemühten Kennern zu schaffen. Auch handliche Breviere enthalten oft mehr als 1200 Titel. Eine Publikation des Italienischen Instituts für Außenhandel (I.C.E.) verzeichnet über 400 Weine mit der sogenannten „kontrollierten Ursprungsbezeichnung" – also schon die besseren Rebensäfte mit langer Geschichte.

Es gibt aber Pfade durch Masse und Klasse des Weinlandes (Oinotria), wie der Mittelmeer-Stiefel einst von den Griechen gepriesen wurde.
„Vino da Pasto" (Tischwein – die unterste Kategorie) ist jedem Urlauber vertraut. Er gedeiht in der nächsten Umgebung der Osteria, die den hungrigen Gast so freundlich empfing.

Auch **„Vino del Paese"** (Landwein – aus der Nachbarschaft) nennt ihn der Wirt und schenkt die Gläser mit der Faßware voll, die es bei uns auch in Fla-

schen gibt. Sie muß nicht schlecht sein.
"Vino da Tavola" (Tafelwein) führt womöglich schon zu den höheren Weihen jener „Buongustai" (Feinschmecker), die in den Trattorien zwischen Piemont und Sizilien zur regionalen Spezialität die richtige Flasche wählen. Der „Vino da Tavola" kann durchschnittlich sein, aber auch zu den besten Gewächsen des Landes zählen, selbst ohne ein staatliches Zertifikat.

Den offiziellen, einigermaßen brauchbaren Schlüssel zur Vielfalt bietet seit 25 Jahren das Italienische Weingesetz durch den Etikettaufdruck **D.O.C. (Denominazione di Orgine Controllata)** – kontrollierte Ursprungsbezeichnung. Darunter sind Weine zu verstehen, die aus einem genau umgrenzten Anbaugebiet stammen. Dieses ist durch geographische Namen der Produktionsareale, auch durch Hinzufügen des Weinbergnamens gekennzeichnet. Alle natürlichen Bedingungen – Anbaugebiet, Bodenbeschaffenheit, Lage, Rebsorten, Hektarertrag – und alle menschlichen Faktoren – Kelterung, Lagerung usw. – sind festgelegt. Absolut verläßlich für Qualität: die erweiterte Angabe **D.O.C.G. (Denominazione di Orgine Controlata e Garantita)** – kontrollierte und garantierte Ursprungsbezeichnung. Sie bleibt den eindrucksvollsten Rebenköstlichkeiten vorbehalten. Zu den Garantie-Bereichen mit Staats-Siegel **D.O.C.G.** gehören bisher: **Barolo, Barbaresco, Brunello di Montalcino, Chianti** und **Vino Nobile di Montepulciano.**

Doch jedes Weingesetz hat seine Schwächen. Etliche der besten Gewächse auf der Apennin-Halbinsel sind beim D.O.C.-System nicht berücksichtigt worden. Viele passen nicht ins Traditionsschema.

Ergänzend noch einige Stichworte für den künftigen Kenner. **„Vino novello"** entspricht dem französischen Primeur. Bei **„Vino da arrosta"** handelt es sich um einen guten Rotwein „für den Braten", trocken, robust. **„Vino Spumante"** (Schaumwein) wird in vielen Gegenden Italiens produziert. Der berühmteste kommt aus der **Provinz Asti** im Norden. Er hat den Ruf, leicht süß zu sein, doch es gibt ihn auch „secco". **„Vino Spumante"** gärt in geschlossenen Kesseln, das Kohlendioxyd kann nicht entweichen. Es bleibt auch beim Abfüllen unter Gegendruck im Wein gelöst, läßt ihn schäumen. Nobler **„Spumante"** entsteht in Italien nach dem Champagner-Verfahren. Eine zweite Gärung vollzieht ich in der Flasche, aus der nach langwierigen Rüttelprozeduren vor dem endgültigen Verkorken der Hefesatz entfernt werden muß. Derartige italienische Schaumweine sind mit bestem französischen Champagner vergleichbar. **„Classico"** ist eine Zusatzbezeichnung auf dem Flaschenetikett. Sie beschränkt die Herkunft eines Weines auf das „Herz" des Ursprungsgebietes.

Vor der Frage, welche Weine zu welchen Speisen ratsam sind, interessiert den Italienliebhaber natürlich: **Welcher paßt zu Pasta?**

Empfehlenswert sind **trockene Weiß- und leichte Rotweine,** versichern Kenner südländischer Nudel-Variationen. Ansonsten gelten die internationalen Regeln, wobei es unmöglich ist, gewisse Kreszenzen bestimmten Speisen zuzuordnen. Das ist immer eine Frage des persönlichen Geschmacks. Dennoch hier einige Grundempfehlungen:

Als **Aperitif** wählt der moderne Feinschmecker einen **trockenen Weißwein** oder einen **„Spumante secco". Weißwein** gehört auch zu **Fisch** und **Schaltieren,** ebenso zu Gerichten mit **Eiern,** möglicherweise zu solchen mit **Kalbfleisch.**

Zu **Wurstwaren** trinkt man jungen **Rosé,** zu **dunklem Fleisch** und **Wild** mittlere bis ausdrucksvolle **Rotweine.**

Leichter bis mittlerer **Rotwein** paßt zu würzigem **Hart-** und **Edelpilzkäse,** trockener **Weißwein** zu **Weich-, Schmelz-** und auch **Frischkäse.**

Zum **Dessert,** zu **Süßspeisen** bieten sich halbtrockene, liebliche und süße Sorten an (**Marsala**).

Zu Schokoladengerichten paßt kein Wein.

Und noch ein eisernes Gesetz: **Zu Fisch** paßt **kein Rotwein.**

Die richtigen Trinktemperaturen sind: Schaumweine fünf bis sechs Grad; Aperitifweine sechs bis acht Grad; trockene, junge Weißweine acht bis zehn Grad; gehaltvolle, gereifte Weißweine zwölf Grad; halbtrockene, liebliche und süße Weißweine zehn Grad; Roséweine zwölf bis 13 Grad; junge, leichte Rotweine 15 bis 17 Grad; gereifte Rotweine 17 bis 20 Grad. Grundsätzlich sollte kein Wein eine höhere Temperatur als 20 Grad haben.

Gereifte Rotweine (**„Riserva"** oder **„Vino Vecchio"**) – Weine, deren Lagerzeit gesetzlich festgelegt ist, die qualitätsvoll altern – sollten einige Zeit vor dem Einschenken geöffnet werden. Der edle Tropfen braucht Sauerstoff, muß „atmen", um sich bestens zu entfalten. Bei großen, alten Kostbarkeiten kann das mehr als sechs Stunden dauern, bei 18 bis 20 Grad versteht sich.

Auf den mehr als **300 000 Quadratkilometern** des italienischen Staatsgebietes ist fast überall **„Weinland",** wie es schon in der Antike hieß.

Bereits **Julius Cäsar,** (100 bis 44 v. Chr.), von dessen Legionen die römische Rebenkultur nach Norden gelangte, war ein Kenner. Der Feldherr und Konsul **bevorzugte** einen goldgelben **Mamer-**

tino aus Sizilien. Und vom südlichen Alpenrand bis zu dieser Insel, der Stiefelspitze des Landes, erstrecken sich noch heute die 18 Weinbauregionen. Dabei sind die **Topqualitäten** mehr nördlich (**von Piemont bis zur Toscana**) angesiedelt.

Hier alle Gebiete von Norden nach Süden mit jeweils einigen bekannten Weinen:

Piemont (Piemonte/ Valle d'Aosta): Asti Spumante, Barolo, Barbaresco, Dolcetto, Gattinara, Nebbiolo.

Ligurien (Liguria): Cinque Terre, Rossese die Dolceacqua.

Lombardei (Lombardia): Franciacorta, Lugana, Oltrepo Pavese, Valtellina.

Venetien (Veneto): Bardolino, Bianco di Custoza, Piave Cabernet, Soave, Valpolicella.

Trientino/Alto Adige: Alto Adige (Südtiroler) Cabernet, Gewürztraminer, Merlot, Teroldego, Santa Maddalena, Etschtaler Bianco, Eisacktaler Veltliner.

Friuli-Venezia-Giulia: Collio Malvasia, Pinot Griglio, Merlot, Tocai.

Emilia Romagna: Albana, Bianco di Scandiano, Lambrusco, Sangiovese.

Toscana: Chianti, Brunello, Bolgheri, Montalcino, Vino Nobile di Montepulciano.

Umbrien (Umbria): Orvieto, Torgiano Rosso, Torgiano Bianco.

Marche (Marken): Rosso Conero, Rosso Piceno, Verdicchio.

Latium (Lazio): Frascati, Merlot di Aprilia, Marino.

Abruzzen (Abruzzo) Molise: Biferno, Montepulciano, Trebbiano.

Kampanien (Campania): Greco di Tufo, Lacrima Christi, Taurasi.

Apulien (Puglia): Castel del Monte, Leverano, Locorotondo.

Kalabrien (Calabria): Cirò, Donnici, Pollino.

Basilicata: Aglianico del Vulture.

Sizilien (Sicilia): Marsala, Cerasuolo di Vittoria, Etna, Moscato, Regaleali.

Sardinien (Sardegna): Campidano di Terralba, Malvasia di Bosa, Nuragus, Monica, Vermentino.

Antipasti Misti
(gemischte Vorspeisen)

Die Italienische Küche ist einfach, aber vielseitig. Allen gemeinsam ist ihre Vorliebe für frische Zutaten, die Lust auf appetit-anregende Vorspeisen (Antipasti) oder auch Suppen. Gerne ißt man dazu geröstetes Knoblauch-brot.

Eingelegte Zucchini

250 g kleine feste Zucchini
1 kleine Zwiebel
3 EL Öl
1 EL Zitronensaft
3 EL Olivenöl
Salz
1 Zweig Oregano

Zucchini in dicke Stifte schneiden. Zwiebel abziehen und würfeln. Beides in heißem Öl bei starker Hitze unter Wenden braun braten. Zitronensaft mit Olivenöl und Salz verrühren.
Abgetropfte Zucchini damit beträufeln. Mit Oreganoblättchen bestreuen.
Fertig in 15 Minuten.

Pilze mit Tomaten

2 Knoblauchzehen
250 g Fleischtomaten
5 EL Olivenöl
Salz
weißer Pfeffer, frisch gemahlen
getrockneter Oregano
500 g Steinpilze, Austernpilze oder Champignons

Knoblauchzehen schälen und fein hacken. Tomaten mit kochendem Wasser überbrühen, häuten und halbieren. Das Fruchtfleisch kleinhacken.
In einer Kasserolle 2 Eßlöffel Öl bei schwacher Hitze heiß werden lassen. Den Knoblauch darin kurz anbraten. Die Tomaten dazugeben, mit Salz, Pfeffer und Oregano würzen. Die Sauce etwa 20 Minuten einkochen lassen. Die Pilze putzen und in Scheibchen schneiden. In einer Pfanne das restliche Öl erhitzen und die Pilze etwa 5 Minuten braten, salzen und unter die Tomaten mischen. Zugedeckt bei schwacher Hitze noch etwa 10 Minuten ziehen lassen.

Weiße Zwiebeln in Mayonnaise

750 g Zwiebeln
Salz
125 g Sahne
4 EL Salatmayonnaise
weißer Pfeffer, frisch gemahlen
1 Zitrone
1 Bund krause Petersilie

Die Zwiebeln schälen, mit Salzwasser bedeckt bei ganz schwacher Hitze garen, so daß sie nicht zerfallen (das dauert 20-30 Minuten). Anschließend in ein Sieb geben und auskühlen lassen.
Die Sahne leicht schlagen, mit der Mayonnaise verrühren, salzen und pfeffern. Die Zwiebeln in eine flache Servierschüssel geben, die Sauce darübergießen. Die Zitrone in Scheiben schneiden. Die Zwiebeln mit den Zitronenscheiben und der Petersilie garniert servieren.

Eingelegte Paprika

1 rote Paprikaschote
1 grüne Paprikaschote
7 EL Öl
2 TL Balsamico-Essig

Paprikaschoten in Streifen schneiden und in einer Pfanne in drei Eßlöffel heißem Öl unter gelegentlichem Wenden dunkelbraun braten.
Etwas abkühlen lassen und die Haut abziehen. Paprika mit Essig und restlichem Öl marinieren.
Fertig in 20 Minuten.

Mozzarella mit Tomaten

4-6 Tomaten (mittelgroß)
300 g Mozzarella
1 Bund Basilikum
Salz
Pfeffer
Olivenöl
evtl. Essig

Tomaten waschen, abtrocknen, in dicke Scheiben schneiden und die Stielansätze entfernen. Mozzarella abtropfen lassen und in gleichmäßige Scheiben schneiden.
Dachziegelförmig abwechselnd in einer Servierplatte anrichten. Basilikum waschen, abzupfen und reichlich über die Tomaten und den Käse streuen.
Mit Salz und Pfeffer würzen oder eventuell separat dazu reichen. Öl und Essig eventuell daneben stellen, damit jeder selbst würzen kann.

Gebratene Auberginen

1 Aubergine
Salz
3 EL Öl
2 Knoblauchzehen
Basilikumblätter

Aubergine in Scheiben schneiden und mit Salz bestreut etwa 30 Minuten stehenlassen. Abspülen und trockentupfen.
Öl in einer Pfanne erhitzen und die Scheiben von jeder Seite braun braten.
Mit hauchdünnen Knoblauchscheiben und Basilikumblättern belegt anrichten.
Fertig in 15 Minuten.

Mariniertes rohes Rindfleisch
(Carpacchio)

250 g Rinderfilet
125 g Champignons
125 g Parmesankäse
2 Zitronen
Salz
frisch gemahlener Pfeffer
1 Knoblauchzehe
6 EL Olivenöl

Rinderfilet für etwa eine Stunde in das Gefrierfach legen; es läßt sich dann besser schneiden. Inzwischen Pilze putzen und in Scheiben schneiden. Parmesankäse dünn hobeln. Fleisch in hauchdünne Scheiben schneiden und alles auf Portionstellern anrichten. Zitronensaft mit Salz, Pfeffer und zerdrücktem Knoblauch verrühren. Olivenöl unterrühren und die Marinade gleichmäßig über Fleisch, Pilze und Käse verteilen.
Fertig ohne Wartezeit in 15 Minuten.

Kalbfleisch mit Thunfischsauce
(Vitello tonato)

1 kg mageres Kalbfleisch (Nuß)

Salz

1 Bund Suppengrün

1 Zwiebel

2 Lorbeerblätter

1 Gewürznelke

1/8 l Weißwein (ersatzweise Wasser und etwas Zitronensaft)

Soße:

4 Eigelb

je 1/8 l Olivenöl und Sonnenblumenöl

1 Zitrone

2 Dosen Thunfisch in Öl

4 Sardellenfilets

Salz

frisch gemahlener Pfeffer

2 EL Kapern

Fleisch in einem Liter leicht gesalzenem Wasser mit grob zerkleinertem Suppengrün, Zwiebel, Gewürzen und Weißwein langsam zum Kochen bringen. Fleisch im leicht geöffneten Topf bei kleinster Hitze etwa eine Stunde 30 Minuten ziehen lassen. In der Brühe abkühlen lassen.
Für die Sauce Eigelb verrühren und das Öl nach und nach unterrühren.
Zitronensaft dazugeben. Abgetropften Thunfisch und Sardellenfilets im Mixer sehr fein pürieren. Dabei etwas von der Mayonnaise dazugeben, damit alles dickflüssig wird. Durch ein Sieb streichen und mit der restlichen Mayonnaise verrühren. Mit Salz und Pfeffer abschmecken. Das Fleisch in dünne Scheiben schneiden.
Mit der Soße auf einer Platte anrichten und mit Kapern bestreuen.
Fertig in einer Stunde.

Auberginen mit Oliven
(Caponata)

750 g Auberginen
Salz
9 EL Olivenöl
400 g Zwiebeln
1/2 Staudensellerie
400 g Tomaten
100 g grüne Oliven ohne Stein
1 Gläschen Kapern (50 g)
50 g Zucker
100 ccm Weißweinessig
frisch gemahlener Pfeffer

Auberginenscheiben mit Salz bestreuen und 30 Minuten stehenlassen. Mit Küchenkrepp trockentupfen. In heißem Öl braun braten. Auf Küchenkrepp abtropfen lassen.
Zwiebelviertel und Selleriestücke im Bratfett fünf Minuten dünsten. Abgezogene Tomatenstücke, Oliven, Kapern, Zucker, Essig und Auberginen zugeben. In der geschlossenen Pfanne zehn Minuten schmoren. Mit Salz und Pfeffer abschmecken und lauwarm oder kalt servieren.

Geröstetes Knoblauchbrot *(Crostini)*

8 Scheiben feines Bauernbrot (Sauerteigbrot)

3-4 Knoblauchzehen

etwa 10 EL kaltgepreßtes Olivenöl

Salz

frisch gemahlener Pfeffer

Backofen auf 250 Grad vorheizen.
Brotscheiben auf den Rost des Backofens legen und in den Backofen schieben. Etwa fünf Minuten backen, bis die Scheiben braun und knusprig sind.
Heiße Brotscheiben sofort mit zerdrücktem Knoblauch bestreichen und mit Olivenöl beträufeln.
Salzen und pfeffern und heiß servieren.
Fertig in 15 Minuten.

Fleischbrühe mit Brot und Ei *(Zuppa alla Pavese)*

1 l entfettete Fleischbrühe (Würfel)	
60 g Butter	
4 Scheiben Toastbrot	
50 g Parmesan, frisch gerieben	
4 Eier	
Salz	

Die Fleischbrühe fast bis zum Siedepunkt erhitzen. In einer breiten Pfanne die Butter heiß, aber nicht braun werden lassen und die Brotscheiben auf beiden Seiten goldgelb braten, so daß sie außen knusprig, innen aber noch weich sind. Die gebackenen Toastbrotscheiben auf eine Platte legen. Mit etwas Parmesan bestreuen und in vorgewärmte Suppenteller legen. Je 1 Ei aufschlagen und vorsichtig daraufgleiten lassen, so daß das Eigelb nicht ausläuft (nicht ganz so original, aber weniger flüssig wird es, wenn Sie die Eier kurz pochieren oder in etwas Butter kurz braten und dann auf den Toast legen).

Das Ei leicht salzen und den restlichen Käse darüberstreuen. Die kochendheiße Fleischbrühe von der Seite her in den Suppenteller gießen. Die Zuppa pavese sofort servieren.
Zubereitungszeit etwa 20 Minuten (Würfel).

Tip: Fleischbrühe können Sie auch leicht selbst zubereiten:
1 Bund Suppengrün,
1 Lorbeerblatt,
2-3 Nelken, 1 Zwiebel,
einige Pfefferkörner,
etwas Piment,
250 g Suppenrindfleisch (Brust) und
1 knappen Eßlöffel Salz mit 1/4 l kaltem Wasser aufsetzen. Ohne Deckel langsam aufkochen lassen. Den sich bildenden Schaum öfters abschöpfen. Dann Deckel auflegen und 2-4 Stunden bei schwacher Hitze ziehen lassen. Fleischbrühe durch ein Sieb gießen.

Gemüsesuppe mit Reis
(Minestrone)

250 g weiße Bohnenkerne
Salz
125 g Möhren
1 Stengel Staudensellerie
100 g Schinken
2 EL Öl
300 g Tomaten
50 g Reis
1 Bund Petersilie
frisch gemahlener Pfeffer

Bohnen über Nacht in eineinhalb Liter Wasser einweichen. Salz zugeben und etwa 40 Minuten kochen lassen. Möhrenstücke, Selleriescheiben und Schinkenwürfel in heißem Öl andünsten. Zu den Bohnen geben und zehn Minuten kochen lassen. Abgezogene Tomatenstücke und Reis zugeben und noch 20 Minuten kochen.
Gehackte Petersilie unterrühren und die Suppe mit Salz und Pfeffer abschmecken.

Tomatensuppe mit Krabben

2 Zwiebeln
50 g Butter
25 g Mehl
1 große Dose Tomaten
1/2 Becher süße Sahne
Salz
Pfeffer
Tabasco
1 Prise Zucker
etwas Cognac oder Weinbrand
1 kleine Dose Perlerbsen
ca. 200 g Krabben frisch oder aus der Dose
1 Prise Thymian oder Basilikum

Zwiebeln schälen und fein würfeln. Butter in einem Topf erhitzen und die Zwiebeln darin glasig dünsten, das Mehl einrühren und anschwitzen, die Tomaten dazugeben und das Ganze zirka 15-20 Minuten leise kochen lassen. Dann die Suppe durch ein Sieb rühren und mit Salz, Pfeffer, Basilikum und Cognac abschmecken. Die süße Sahne leicht schlagen. Krabben und Erbsen kurz vor dem Servieren in die Suppe geben und die Sahne leicht unterrühren.

Fischsuppe

Pro Person etwa
500 g Fisch
(z. B. Rotzunge,
Rotbarschfilet,
Lotte, Seehecht,
Seeaal, Lachskopf,
Seezunge oder was Sie
gerade frisch bekommen
können)

1 Porreestange

2 Möhren

1 Stück Sellerie

1 Fenchelknolle

Tomatenmark

2 Zwiebeln

4 Knoblauchzehen

Lorbeerblatt und Thymian

einige Pfefferkörner

1/2 l trockener Weißwein

1/2 TL Safran

1 Tase Olivenöl

Das Gemüse putzen und in kleine Stücke schneiden, den Knoblauch zerdrücken. Olivenöl in einem großen Topf erhitzen und das Gemüse mit Lorbeerblatt, Pfefferkörnern und Thymian unter ständigem Rühren anschwitzen. Safran dazugeben. Mit Salz würzen.
2 l kochendes Wasser zum Gemüse geben, 1/2 l trockenen Weißwein dazugeben und dann den Fisch hineinlegen. Der Fisch muß bedeckt sein. Den aufsteigenden Schaum mit einer Schöpfkelle wegnehmen und das Ganze bei niedriger Temperatur etwa eine halbe Stunde köcheln lassen.

Nun das Gemüse und den Fisch nacheinander durch ein Rund- oder Spitzsieb geben, dabei die Masse im Sieb gut ausdrücken. Mit Tomatenmark, Salz und Pfeffer gut abschmecken. Eventuell einen Schuß Pernod oder Pastis dazugeben. Wer mag, kann auch jetzt noch mit gepreßtem Knoblauch nachwürzen. Dazu passen in Butter geröstete Weißbrotscheiben und eine Knoblauchmayonnaise.

Pasta und Nudelgerichte

Primi piatti (wörtlich: „erster Teller" ißt man nach der kalten Vorspeise und vor einem kleinen Stück Fleisch. Sie sind die eigentlichen Hauptgerichte bei einem italienischen Essen.

Spaghetti mit Speck und Eiersauce (alla carbonara)

400 g Spaghetti
Salz
150 g durchwachsener Räucherspeck
1 Knoblauchzehe
3 EL Schweineschmalz oder Butter
3 Eier
je 50 g Parmesan und Pecorino, frisch gerieben
weißer Pfeffer, frisch gemahlen

In einem großen Topf die Nudeln in reichlich Salzwasser „al dente" (bißfest) kochen. Inzwischen den Speck in ganz kleine Würfel schneiden. Die Knoblauchzehe schälen und mit einer Gabel leicht zerdrücken.
In einer breiten, flachen Kasserolle (die so groß sein soll, daß man darin später auch die Nudeln gut durchmischen kann) das Schmalz oder die Butter erhitzen und den Speck und den Knoblauch so lange darin braten, bis die Knoblauchzehe rundum gebräunt und der Speck knusprig ist. Dann den Knoblauch entfernen.
In einer Schüssel die Eier mit dem Parmesan und dem Pecorino, etwas Salz und reichlich frisch gemahlenem weißen Pfeffer mit einem Schneebesen gut verrühren.
Die abgetropften Spaghetti in die Kasserolle geben, mit dem Speck mischen. Die Kasserolle vom Herd nehmen. Die Eiermasse hineinschütten. Rasch und kräftig so lange rühren, bis alle Nudeln mit der Eier-Käse-Creme gleichmäßig überzogen sind. In der Kasserolle zu Tisch bringen.

Spaghetti mit Speck und Erbsen

100 g durchwachsener geräucherter Speck
4 l Wasser
1 1/2 TL Salz
1 TL Öl
400 g Spaghetti
1 EL Öl
10 EL Sahne
300 g tiefgefrorene Perlerbsen

Den Speck in kleine Würfel schneiden. Wasser mit Salz und Öl zum Kochen bringen. Die Nudeln in das kochende Wasser geben und „al dente" kochen.
Das Öl in einer Pfanne erhitzen und die Speckwürfel bei milder Hitze darin knusprig braun ausbraten.
Die Sahne zum Speck geben, die gefrorenen Erbsen hineinschütten, umrühren und zugedeckt 3-4 Minuten sanft kochen lassen. Die Nudeln in einem Sieb abtropfen lassen, in eine Schüssel füllen, die Speck-Sahne-Sauce darübergießen und alles mischen. Sofort servieren.

Spaghetti alla bolognese

100 g Parmesankäse
1 Zwiebel
1 Möhre
100 g Knollensellerie
2 Fleischtomaten
50 g Butter
1 EL Tomatenmark
300 g Rinderhackfleisch
1/8 l Fleischbrühe
1 Gewürznelke
1 Lorbeerblatt
4 l Wasser
1 1/2 TL Salz
1 TL Öl
400 g Spaghetti
1/8 l Rotwein
je 2 Prisen Salz
schwarzer Pfeffer, frisch gemahlen

Den Parmesankäse reiben. Die Zwiebel schälen und würfeln. Die Möhre unter fließendem Wasser schaben, abtrocknen und ebenfalls würfeln. Tomaten häuten und würfeln. Den Sellerie schälen, waschen und ebenfalls würfeln.
Butter in einem Topf zerlassen, das kleingeschnittene Gemüse dazugeben und unter Umrühren 5 Minuten anbraten.
Das Tomatenmark unter die Gemüsemischung rühren und das Rinderhackfleisch hinzufügen. Das Hackfleisch mit einer Gabel mit dem Gemüse mischen, die Fleischbrühe, die Gewürznelke und das Lorbeerblatt hinzufügen und alles zugedeckt bei sehr schwacher Hitze 5 Minuten sacht kochen lassen.
Wasser mit Salz und Öl zum Kochen bringen. Die Spaghetti ins sprudelnd kochende Wasser schieben, einmal gründlich umrühren und die Nudeln „al dente" garen.
Das Lorbeerblatt entfernen, den Rotwein unter die Sauce mischen und diese mit Salz und Pfeffer abschmecken.
Die Spaghetti in einem großen Sieb abtropfen lassen. Die Spaghetti in eine Schüssel geben und die Fleischsauce in die Mitte füllen. Sofort servieren. Den Käse dazu reichen.

Tortellini in Sahnesauce

1 große Zwiebel
6 Salatblätter
150 g fetter gekochter Schinken
3 EL Butter
300 g Erbsen, frisch oder TK
Salz
weißer Pfeffer, frisch gemahlen
100 g Sahne
400 g bunte Tortellini
4 EL Parmesan, frisch gerieben

Zwiebel schälen und in Ringe schneiden. Salatblätter waschen und in Streifen schneiden. Den Schinken in Würfelchen schneiden. In 1 Eßlöffel Butter das Schinkenfett ausbraten. Zwiebel 5 Minuten braten. Erbsen dazugeben und alles salzen und pfeffern. Etwas Sahne angießen. Bei schwacher Hitze zugedeckt garen.
In einem Topf die Tortellini „al dente" garen. Kurz vor Ende der Garzeit die restliche Butter, den Schinken, die Salatstreifen und die restliche Sahne unter die Erbsen rühren.

Penne alla napolitana

4 EL Wasser
1 1/2 TL Salz
1 TL Öl
1 große Zwiebel
4 EL Olivenöl
je 2 Zweige Petersilie und Basilikum
2 Dosen Tomaten (à 425 g)
4 Prisen Rosenpaprikapulver
1 Prise Zucker
1 TL Salz
4 l Wasser
1 1/2 TL Salz
1 TL Öl
400 g Penne
50 g Parmesan- oder Pecorinokäse

Zwiebel schälen und fein würfeln. Für die Sauce das Öl in einem mittleren Topf erhitzen und die Zwiebelwürfel unter ständigem Rühren hellgelb braten. Kräuter waschen, trockenschleudern und kleinhacken. Die Kräuter zu den Zwiebeln geben. Die Tomaten aus der Dose mit dem Saft hinzufügen und während des Umrührens mit dem Kochlöffel zerdrücken. Das Paprikapulver und den Zucker hinzufügen und die Sauce zugedeckt bei schwacher Hitze 10 Minuten köcheln lassen. Wasser mit Salz und Öl zum Kochen bringen. Die Penne ins sprudelnd kochende Wasser schieben. Einmal gründlich umrühren und die Nudeln „al dente" kochen. Den Käse reiben und in einer kleinen Schüssel anrichten. Die Penne in einem großen Sieb abtropfen lassen.

Die Penne in der Schüssel mit der Tomatensauce mischen, sofort servieren. Den geriebenen Käse gesondert dazu reichen.

Bandnudeln mit Basilikumsauce

4 l Wasser
1 1/2 TL Salz
1 TL Öl
400 g Bandnudeln
1 kleine Zwiebel
2 EL Olivenöl
2 Knoblauchzehen
1 Bund Basilikum
200 g schmale Bandnudeln
Salz
schwarzer Pfeffer

Die Zwiebel schälen und fein hacken. Olivenöl in einem Topf erhitzen und die gehackte Zwiebel darin weich dünsten. Den Knoblauch schälen und durch die Presse dazudrücken.

Basilikum waschen und trockenschleudern und fein hacken. Die Hälfte des Basilikums in den Topf geben, den Rest zugedeckt beiseite stellen.

Die Nudeln in kochendem Salzwaser in etwa 8 Minuten „al dente" kochen.

Das Gemüse mit 1 Prise Salz und Pfeffer würzen. Das restliche Basilikum unter die Nudeln mischen und heiß servieren.

Spaghetti mit Salbei und Eigelb

4 l Wasser
1 1/2 TL Salz
1 TL Öl
300 g Spaghetti
Salz
2 EL Öl
100 g Butter
Salbeiblätter, frisch oder getrocknet
2 Eigelb
2-3 Peperoni
2 Knoblauchzehen

Spaghetti in reichlich Salzwasser mit dem Öl „al dente" kochen. Dann auf ein Sieb gießen und gut abtropfen lassen. Im Topf warmhalten.

Die Butter heiß werden lassen, Salbeiblätter kleinschneiden und unterrühren.

In einer Schüssel Eigelb mit den kleingehackten Knoblauchzehen verrühren. Die Peperoni in kleine Ringe schneiden und sparsam untermengen.

Restliche Salbeiblätter dazugeben und heiß servieren.

Spaghetti in Schinken-Sahne-Sauce

4 l Wasser
1 1/2 TL Salz
1 TL Öl
400 g Spaghetti
150 g magerer gekochter Schinken
60 g Butter
1/4 l Sahne
100 g Parmesan oder geriebener Käse
Pfeffer aus der Mühle
Muskatnuß

Variation:
100 g durchwachsener geräucherter Speck
50 g Pecorino (Schafkäse)
2 Knoblauchzehen
2 EL Olivenöl
3 Eier
3 EL Sahne
1 TL Salz
weißer Pfeffer, frisch gemahlen

Wasser mit Salz und Öl zum Kochen bringen und die Spaghetti darin „al dente" kochen. Butter und Sahne in einem Topf erhitzen, den Schinken in feine Würfel schneiden und dazugeben. Den geriebenen Käse mit der Sauce vermischen und das Ganze aufkochen lassen. Mit gemahlenem Pfeffer und Muskatnuß würzen. Die Spaghetti in einem Sieb abtropfen lassen. Sauce gleich mit den Nudeln vermischen.

Den Speck in kleine Würfel schneiden. Den Käse auf einem Reibeisen reiben. Die Knoblauchzehen schälen und halbieren. Das Olivenöl in einer großen Pfanne erhitzen. Die Knoblauchstücke unter öfterem Umwenden darin braun braten. Anschließend aus der Pfanne nehmen, nur der Geruch des Knoblauchs soll in der Pfanne bleiben. Speckwürfel in Olivenöl knusprig braun braten und warmstellen. Die Eier mit der Sahne, dem Käse, dem Salz und Pfeffer in einer Schüssel mit einem Schneebesen verquirlen. Die Spaghetti zum Speck in die Pfanne geben und kurz wieder erhitzen. Die Spaghetti unter die Eier-Sahne-Mischung heben und sofort servieren.

Grüne Nudeln mit Käsesauce

4 l Wasser
1 TL Salz
1 TL Öl
300 g grüne Bandnudeln
100 g Champignons
1/4 l Gemüsebrühe
200 g französischer Boursin-Käse
2 TL Speisestärke
2 EL Weißwein

Wasser mit Salz und Öl zum Kochen bringen. Grüne Nudeln ins sprudelnd kochende Wasser schütten, einmal umrühren und „al dente" garen.
Die Gemüsebrühe erhitzen. Den Boursin-Käse in einer kleinen Schüssel mit der Gabel zerdrücken.
Die heiße Gemüsebrühe nach und nach mit dem Käse mischen und die Käsecreme zurück in den Topf geben.
Die Speisestärke mit dem Weißwein anrühren. Die Käsesauce zum Kochen bringen, die angerührte Speisestärke einrühren, einmal aufwallen lassen und den Topf vom Herd nehmen. Die Käsesauce zugedeckt warmstellen. Champignons putzen, waschen und kleinblättrig schneiden. Kurz in kochendem Wasser garen und in die Käsesauce geben.
Die Bandnudeln in einem Sieb abtropfen lassen.
Die abgetropften Bandnudeln in eine Schüssel geben und mit der Käsesauce und den Champignons gut durchmischen. Sofort servieren.

Spiralnudeln mit Roquefortsauce

4 l Wasser
1 1/2 TL Salz
1 EL Öl
300 g Spiralnudeln
125 g Roquefort
6 EL Sahne
Pfeffer
aus der Mühle

Wasser mit Salz und Öl zum Kochen bringen. Die Sprialnudeln ins sprudelnd kochende Wasser schieben und „al dente" kochen. Roquefort mit der Gabel zerdrücken und die Sahne unterrühren. Mit den heißen Nudeln vermischen und noch 2-3 Minuten im Topf vorsichtig heiß werden lassen.
Mit grob gemahlenem Pfeffer sehr heiß servieren.

Spaghetti mit Miesmuscheln

4 l Wasser
1 1/2 TL Salz
1 TL Öl
250 g Spaghetti
1,5 kg frische Miesmuscheln
3 Knoblauchzehen
Olivenöl
gehackte Petersilie
Pfeffer aus der Mühle

In einem Topf das Olivenöl erhitzen, gehackten Knoblauch zugeben, einmal durchrühren und sofort die gewaschenen, geschlossenen Miesmuscheln dazugeben, Pfeffer darübermahlen, Deckel aufsetzen und unter öfterem Rütteln des Topfes (damit sich alle Muscheln öffnen) ca. 3 Minuten garen. Ungeöffnete Muscheln wegwerfen.
Die entstandene Flüssigkeit einkochen lassen, die aus den Schalen gelösten Muscheln wieder in den Topf geben, mit Petersilie vermischen, eventuell leicht salzen und über die „al dente" gekochten Spaghetti geben.

Variaton:
Spaghetti Vongole

1 kg Venusmuscheln
4 Knoblauchzehen
1 Bund Petersilie (oder getrocknete)
1 rote Peperoni (ersatzweise Cayennepfeffer)
3 EL Olivenöl
3 EL Butter
1 Dose Tomaten
Salz
Pfeffer
250 g Spaghetti

Muscheln unter fließendem Wasser waschen und geöffnete Muscheln wegwerfen. Knoblauch, Petersilie und Peperoni waschen, putzen und fein hacken. Olivenöl mit Butter in einem großen Topf erhitzen und das Gemüse darin gut anschwitzen. Tomaten mit Saft dazugeben und einmal gut aufkochen lassen. Dann die Muscheln dazugeben und im geschlossenen Topf so lange kochen, bis sich die Muscheln geöffnet haben. Mit Salz und Pfeffer gut würzen. Ungeöffnete Muscheln wegwerfen. Die Muscheln mit den gekochten Spaghetti vermischen.

Spaghetti al Pesto Genovese

2 Bund Basilikum
3 Knoblauchzehen
4 l Wasser
1 1/2 TL Salz
1 TL Öl
400 g Spaghetti
100 g Pecorino-Schafkäse (am besten sardischer)
1/8 l Olivenöl
je 1 Prise Salz und weißer Pfeffer, frisch gemahlen

Basilikum waschen und trocknen. Blättchen von den Stengeln zupfen und hacken. Knoblauchzehen schälen, durch die Knoblauchpresse drücken und mit etwas Salz mischen. Wasser mit Salz und Öl in einem großen Topf zum Kochen bringen. Spaghetti ins sprudelnd kochende Wasser geben, einmal gründlich umrühren und die Nudeln „al dente" kochen.
Käse auf einem Reibeisen reiben und mit dem Olivenöl, den Pinienkernen, dem Knoblauch und dem Basilikum mischen. Sauce mit Salz und Pfeffer abschmecken. Dabei eine Tasse des Spaghetti-Kochwassers auffangen.
Der Käsesauce soviel von dem Nudelkochwasser hinzufügen, daß eine dickflüssige Masse entsteht. Die Spaghetti in der vorgewärmten Schüssel mit der Käsesauce verrühren und sofort servieren.

Spaghetti mit Knoblauchsauce

4 l Wasser
1 1/2 TL Salz
1 EL Öl
300 g Spaghetti
5 Knoblauch-
zehen
1 Bund glatte
Petersilie
(oder getrocknete)
6 EL Olivenöl
2 EL Butter

Wasser mit Salz und Öl zum Kochen bringen. Die Spaghettis ins kochend heiße Wasser schieben und „al dente" kochen.
Olivenöl und Butter in einer Pfanne heiß werden lassen und die zerpreßten Knoblauchzehen und die feingehackte Petersilie dazugeben.
Einige Minuten braten, der Knoblauch soll nur leicht gebräunt sein.
Sauce über die Nudeln geben oder gleich mit den Nudeln in der Pfanne vermischen.

Spaghetti mit Zucchini

600 g Zucchini
2 Knoblauchzehen
1 Zwiebel
1/4 l Gemüsebrühe
1 EL Öl
je 1 gute Prise getrockneter Oregano
4 l Wasser
1 TL Salz
1 TL Öl
300 g Spaghetti
100 g Lachsschinken in Scheiben
4 EL Crème fraîche

Die Zucchini waschen, abtrocknen und die Enden entfernen. Die Zucchini halbieren und die nochmals halbierten Stücke in Würfel schneiden. Die Knoblauchzehen schälen und sehr klein würfeln. Die Zwiebel schälen und ebenfalls fein würfeln.
Die Gemüsebrühe zum Kochen bringen. Öl in einem Topf erhitzen und die Ziebel- und Knoblauchwürfel darin glasig braten.
Zucchiniwürfel ins Öl geben, unter mehrmaligem Wenden kurz anbraten und mit der kochendheißen Gemüsebrühe aufgießen. Flüssigkeit mit Oregano würzen und mit Salz abschmecken. Das Gemüse zugedeckt bei schwacher Hitze 15 Minuten kochen lassen. Wasser mit Salz und Öl zum Kochen bringen. Die Spaghetti ins sprudelnd kochende Wasser schieben. Einmal gründlich umrühren und die Nudeln „al dente" kochen.

Vom Lachsschinken den Fettrand entfernen und die Scheiben in dünne Streifen schneiden.
Die Spaghetti in einem großen Sieb abtropfen lassen.
Die Zucchini mit der Crème fraîche und dem Lachsschinken verrühren.
Die Spaghetti in einer Schale mit den Zucchini mischen und heiß servieren.

Muschelnudeln mit Gorgonzolasauce

- 4 l Wasser
- 1 1/2 TL Salz
- 1 EL Öl
- 300 g Muschelnudeln (oder ähnliche Nudeln)
- 225 g Gorgonzola blau
- 4 Salbeiblätter oder gemahlener Salbei
- 40 g Butter
- 1/4 l Sahne
- frisch gemahlener Pfeffer
- Mehl

Wasser mit Salz und Öl zum Kochen bringen. Die Nudeln ins kochend heiße Wasser geben und „al dente" kochen. Butter und Sahne in einem Topf erhitzen, den Käse Stück für Stück dazugeben und schmelzen lassen. Die Sauce mit gemahlenem Pfeffer kräftig würzen. Kein Salz mehr verwenden, weil der Käse genug Salz enthält. Salbeiblätter fein schneiden oder das Mehl unterrühren. Über die Nudeln geben oder gleich mit den Nudeln vermischen und sofort servieren.

Grüne Nudeln mit Pilzsauce

4 l Wasser
1 1/2 TL Salz
1 EL Öl
300 g grüne Nudeln
250 g weiße Champignons
2 Zwiebeln
1 EL Zitronensaft
1/4 l Sahne
Pfeffer aus der Mühle
Butter und Olivenöl

Wasser mit Salz und Öl zum Kochen bringen. Die grünen Nudeln ins kochend heiße Wasser geben und „al dente" kochen.
Champignons waschen, fein hacken und mit 1 EL Zitronensaft mischen. Zwiebeln ebenfalls fein hacken.
Butter und Olivenöl in einer Pfanne heiß werden lassen und erst die Zwiebeln andünsten, dann die Champignons dazugeben.
Bei großer Hitze braten, bis die Flüssigkeit eingekocht ist.
Mit Sahne aufgießen und das Ganze kurz einkochen lassen. Mit gemahlenem Pfeffer und etwas Salz kräftig würzen.
Die Sauce gleich mit den Nudeln vermischen.

Schleifennudeln mit Sardellensauce

4 l Wasser
1 1/2 TL Salz
1 EL Öl
100 g Kapern
100 g schwarze Oliven (ohne Stein)
100 g Sardellen
2 Knoblauchzehen
1/4 l Olivenöl
2 EL Wasser
5 EL gehackte Petersilie (oder getrocknete)
Pfeffer aus der Mühle

Wasser mit Salz und Öl zum Kochen bringen. Die Schleifennudeln ins kochend heiße Wasser geben und „al dente" kochen.
Kapern und Sardellen wässern, abspülen und trockentupfen.
Knoblauch und Oliven fein hacken. Olivenöl in einer Pfanne erhitzen und Kapern, Knoblauch, Oliven und Petersilie dazugeben und 5 Minuten garen.
Sardellen fein schneiden und in die Sauce geben.
Mit Pfeffer würzen, und die Sauce gleich mit den Nudeln vermischen.
Sofort servieren.

Teigtaschen
(Ravioli)

300 g Mehl
3 Eier
3 EL Öl
Salz
Mehl zum Ausrollen
1 Eigelb
1 EL Milch

Nudelteig zubereiten. Den Teig auf einer bemehlten Arbeitsfläche dünn ausrollen. Mit einem Küchenrädchen auf der einen Hälfte der ausgerollten Teigplatte Quadrate von 6 x 6 cm markieren (nicht durchschneiden). Jeweils in die Mitte einen Teelöffel Fleisch- oder Spinatfüllung geben.
Eigelb mit Milch verrühren und die Ränder der Quadrate damit bestreichen.
Nun die zweite Teighälfte locker darüberschlagen und den Teig rund um die Füllung fest andrücken.
Die Ravioli mit einem Kuchenrädchen oder mit der stumpfen Seite eines Messers ausschneiden. Für die dreieckigen Ravioli Quadrate von 9 x 9 cm ausradeln.
Wiederum einen Teelöffel Füllung in die Mitte geben, die Ränder mit Eiermilch bestreichen und die Quadrate übereck zusammenklappen. Die Ränder fest andrücken.
Reichlich Salzwasser mit einem Eßlöffel Öl zum Kochen bringen und die Ravioli bei mittlerer Hitze drei Minuten darin garen und dann mit einer Schöpfkelle herausnehmen.
Fertig in 1 Stunde 30 Minuten.

Lasagne

250 g Lasagne-
blätter

Fleischragout:

40 g durchwachsener Speck

20 g Butter oder Margarine

1 Zwiebel

1 Knoblauchzehe

400 g Hackfleisch

1 kleine Dose geschälte Tomaten

getrockneter Oregano

Salz

frisch gemahlener Pfeffer

Zucker

Béchamelsoße:

75 g Butter oder Margarine

75 g Mehl

3/4 l Milch

Salz

Muskat

100 g frisch geriebener Parmesankäse

Lasagneblätter nach Anweisung auf der Packung vorbereiten. Für das Fleischragout Speckwürfel in heißem Fett auslassen. Zwiebel- und Knoblauchwürfel darin glasig dünsten. Das Hackfleisch dazugeben und unter Rühren krümelig anbraten. Tomaten mit etwas Flüssigkeit und Oregano zugeben.
Mit Salz, Pfeffer und Zucker würzen. Im geschlossenen Topf bei kleiner Hitze 20 Minuten garen.
Für die Béchamelsauce Fett zerlassen und das Mehl darin andünsten. Milch dazugeben und bei kleiner Hitze zehn Minuten kochen, dabei ab und zu umrühren. Die Sauce mit Salz und Muskat abschmecken. Den Boden einer rechteckigen ofenfesten Form mit Lasagneblättern auslegen.
Abwechselnd Fleischragout, Sauce, Käse und wieder Lasagneblätter einschichten.

Die oberste Nudelschicht dünn mit Béchamelsauce bestreichen und mit restlichem Käse bestreuen.
Form in den Backofen schieben, auf 200° schalten und 30-40 Minuten backen.
Fertig in 2 Stunden.

Salate

Auch Salate sind aus keiner italienischen Küche wegzudenken. Manchmal ersetzen sie auch eine komplette Mahlzeit, wenn sie von den Zutaten besonders üppig ausfallen.

Rezept Seite 66 / 67

Tintenfischsalat

300 g Tintenfische (Kalamare)
1 kleine Zwiebel
1 Knoblauchzehe
1 Lorbeerblatt
1 TL schwarze Pfefferkörner
Salz
1 kleine Salatgurke
1 gelbe Paprikaschote
150 g gleichgroße Tomaten
1 Bund Petersilie
4 EL Weißweinessig
schwarzer Pfeffer
6 EL Olivenöl
1 Zweig Thymian

Die größeren Tintenfische halbieren, dann in schmale Streifen schneiden. Zwiebel und Knoblauchzehe schälen, hacken und mit dem Fisch in einen Topf geben. Das Lorbeerblatt, die Pfefferkörner und etwas Salz hinzufügen. Alles knapp mit Wasser bedecken und 30 Minuten zugedeckt köcheln lassen, bis der Fisch weich ist.
Kleine ganze Tintenfische, küchenfertig gekauft, werden nur etwa 1/2 Minute in kochendem Wasser gegart und am Schluß auf dem Salat verteilt.
Inzwischen die Gurke schälen, entkernen und kleinschneiden. In eine Schüssel geben.
Die Paprikaschote von Rippen und Kernen befreien, waschen, vierteln und in schmale Streifen schneiden. Ebenfalls in die Schüssel geben.
Die Tomaten waschen, achteln und ebenfalls in die Schüssel geben. Die Tintenfischstreifen aus dem Sud nehmen und hinzufügen.
Die Petersilie waschen und trockenschleudern und von den Stengeln zupfen.
Aus Essig, Salz, Pfeffer und Olivenöl mit dem Schneebesen eine Marinade rühren. Thymian hinzufügen und die Sauce über den Salat gießen. Gut durchmischen und die Petersilie einstreuen. Nach Belieben etwas durchziehen lassen.

Tomaten-Krabben-Salat

1 große Fleischtomate
2 Frühlingszwiebeln
250 g Krabben
1 Kästchen Kresse
3 EL Weißweinessig
1 TL scharfer Senf
1 Prise Salz
weißer Pfeffer
3 EL Öl

Die Tomate an der Oberläche einritzen, mit kochend heißem Wasser überbrühen, häuten, quer halbieren und die Kerne mit einem Löffel herausschaben. Das Fruchtfleisch in kleine Würfel schneiden. Frühlingszwiebeln putzen und in schmale Ringe schneiden. Mit den Tomatenwürfeln und den Krabben in eine Schüssel füllen. Kresse waschen und die Blättchen mit einer Küchenschere abschneiden.
Den Essig mit Senf, Salz und Pfeffer verrühren. Öl dazufließen lassen und kräftig mit dem Schneebesen schlagen. Die Sauce über den Salat gießen und alles gut durchmischen.

Nudelsalat mit Fleisch

250 g Bandnudeln

je 150 g Schweinebraten- und Rinderbratenscheiben

1 Salatgurke

1 Bund Radieschen

200 g Tomaten

4 EL Olivenöl

2 EL Weinessig

Salz

Pfeffer aus der Mühle

1 Bund Petersilie, frisch (oder getrocknete)

Bandnudeln im Salzwasser bißfest kochen, abschrecken und abkühlen lassen, Nudeln kleinschneiden. In eine Salatschüssel geben. Die Fleischscheiben in Streifen schneiden. Radieschen in feine Scheiben, Salatgurke mit Schale in dünne Scheiben schneiden. Tomaten häuten, entkernen und das Fleisch in Würfel schneiden. Für die Marinade das Öl mit dem Essig vermischen, mit Salz und Pfeffer würzen und mit den Nudeln vermischen. Alle Zutaten zu den Nudeln geben, gehackte Petersilie über den Salat geben.

Nudelsalat mit Paprika und Mais

200 g Spiralnudeln

Salz

einige Tropfen Öl

1 Dose Maiskörner

1 rote Paprikaschote

1 grüne Paprikaschote

3 Tomaten

200 g Leberkäse

Für die Salatsauce:

3 EL Essig

Salz

Pfeffer

1/2 TL Zucker

4 EL Öl

1 Bund Petersilie, frisch oder getrocknet

Nudeln in reichlich kochendem Salzwasser mit etwas Öl ca. 10 Minuten garen. Danach auf einem Sieb abtropfen lassen. Paprikaschoten putzen, waschen und in Streifen schneiden. Tomaten waschen und den Stielansatz keilförmig herausschneiden. Tomaten achteln.
Leberkäse in Streifen schneiden und die Maiskörner dazugeben.

Für die Salatsauce Essig, Salz, Pfeffer und Zucker verrühren. Zum Schluß das Öl darunterrühren.
Über den Nudelsalat gießen und vermischen. Mindestens 1 Stunde abgedeckt durchziehen lassen.
Nochmals kräftig abschmecken. Mit Petersilie bestreut servieren.

Makkaronisalat mit Ananas

250 g Makkaroni
200 g Tomaten
150 g Ananas-
stücke
aus der Dose
2 TL Minze
1/8 l Olivenöl
2 EL Weinessig
1 TL Salz
1 TL Senf
Pfeffer
aus der Mühle

Makkaroni in reichlich Salzwasser garen und abkühlen lassen.
Die Ananas auf einem Sieb abtropfen lassen.
Die Tomaten häuten, entkernen und das Fleisch fein würfeln.
Minze fein schneiden.
Für die Vinaigrette Olivenöl, Weinessig, Senf, Salz und Pfeffer verrühren und mit 1 TL Ananassaft abschmecken.
Die Zutaten und die Vinaigrette mit den kleingeschnittenen kalten Makkaroni vermischen.
Mit der gehackten Minze bestreuen.

Bunter Salat mit Oliven

1 Kopfsalat (oder Eisberg-, römischer oder Endiviensalat)

4 Fleischtomaten

2 Paprikaschoten rot

2 Paprikaschoten gelb

1 Bund glatte Petersilie (oder getrocknete)

12 schwarze Oliven

2 rote Zwiebeln

für das Dressing:

1 TL Senf

4 EL Weißweinessig

2 EL Wasser

6 EL Olivenöl

Salz

Pfeffer

Alle Gemüsezutaten waschen, putzen, grob zerkleinern. Zwiebeln in dünne Ringe schneiden. Alles bunt mischen und anrichten. Für das Dressing Senf, Essig, Wasser, Salz und Pfeffer verrühren und das Öl unterschlagen. Dressing erst direkt vor dem Essen mit dem Salat mischen.

Mailänder Nudelsalat

125 g Makkaroni	
Salz	
1 kleine Dose Perlerbsen	
1 kleine Dose Karotten	
125 g Emmentaler	
50 g Mayonnaise	
1 Becher Joghurt	
1 EL Zitronensaft	
Salz	
Zucker	
1 TL Senf	

Makkaroni im Salzwasser bißfest kochen, abschrecken und abkühlen lassen. Auf ein Brett legen und die Makkaroni in etwa 1 cm breite Ringe schneiden. In eine Salatschüssel geben.
Erbsen und Karotten auf einem Sieb abtropfen lassen und zu den Nudeln geben.
Käse in kleine Würfel schneiden und zu den Nudeln geben.
Für die Marinade die Mayonnaise mit dem Joghurt vermischen, mit Zitronensaft, Salz, Senf und Zucker abschmecken und über die Nudeln geben.

Avocado-Melonen-Salat

1 Honigmelone
2 Avocados
4 EL Limettensaft
2 Scheiben Katenschinken
1 Prise Pfeffer
1 Prise Zucker
3 EL Nußöl
grober Pfeffer

Aus dem Melonenfleisch kleine Kugeln ausstechen. Avocados in Scheiben schneiden. Mit etwas Limettensaft beträufeln. Auf Tellern anrichten und Schinkenstreifen in die Mitte geben. Restlichen Limettensaft mit Pfeffer und Zucker verrühren, Öl unterschlagen. Marinade darübergießen und mit grobem Pfeffer bestreuen.

Obstsalat mit Shrimps

1 Lollo Rosso
oder anderen Kopfsalat

1 ungespritze Orange

2 Äpfel

2 Bananen

3 Stangen Staudensellerie

100 g Champignons

200 g Shrimps,
frisch oder aus der Dose

80 g Walnußkerne

6 TL Mayonnaise

1 Schuß Cognac

Von einer halben Orange die Schale abreiben und in die Mayonnaise geben. Die Orangen so schälen, daß auch die weiße Haut mit abgeschnitten wird. Die Gegenseite anschneiden, den Saft in die Mayonnaise rühren. Äpfel, Sellerie und Champignons in Scheiben schneiden. Mit dem Lollo Rosso auf vier Tellern arrangieren. Darauf die Shrimps garnieren und mit gehackten Nüssen bestreuen. Die Mayonnaise mit Cognac abschmecken und auf den Salat geben.

Pizzen

Kennen Sie Focaccia oder Calzone? Nur der Name Pizza ist bekannt. Eine Pizza schmeckt, und ist das Richtige für vielerlei Gelegenheiten. Man kann sie immer wieder anders belegen, ganz nach Lust und Laune.

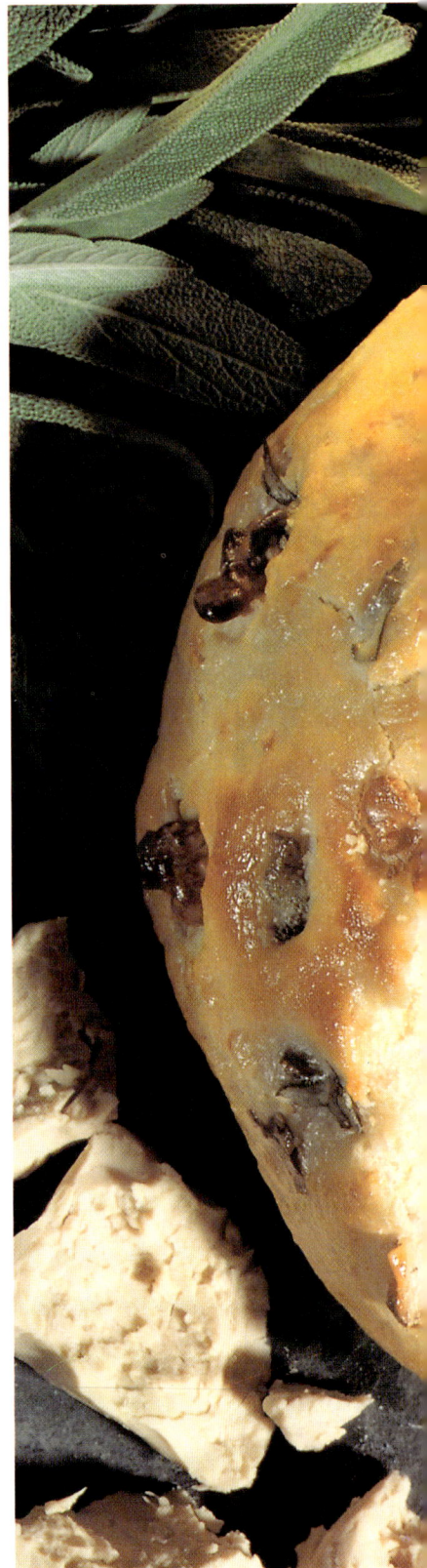

Focaccia mit Salbei

25 g Hefe
1/8 l Wasser
300 g Mehl
2 EL Olivenöl
1/2 TL Salz
100 g Speisequark
2 EL weiche Butter
10 frische Salbeiblätter
20 Walnußkerne

Für die Springform von 26 cm Ø:
Öl

Aus Hefe, der Häfte des Wassers und 50 g Mehl einen Pizzateig rühren und diesen mit Mehl bestäubt gehen lassen, bis das Mehl auf der Oberfläche Risse zeigt.
Das restliche Mehl auf eine Platte sieben, eine Mulde in die Mitte drücken, das Olivenöl, das Salz, den Quark, die Butter und den Pizzateig hineingeben und alles zu einem nicht zu weichen Teig zusammenkneten.
Den Teig zugedeckt bei Raumtemperatur etwa 2 Stunden gehen lassen, bis er fast das doppelte Volumen erreicht hat.
Die Salbeiblätter lauwarm abbrausen, trockentupfen und kleinschneiden. Die Walnüsse grob hacken. Die Springform mit Öl ausstreichen. Den Backofen auf 220 Grad vorheizen.
Den gut gegangenen Teig noch einmal durchkneten und dabei den Salbei und die Nüsse unter den Teig mischen. Den Teig in die Springform füllen, die Oberfläche mit dem Handballen glattdrücken und auf der zweiten Schiene von unten in etwa 30 Minuten goldbraun backen.

Nudelomelette

4 l Wasser
1 1/2 TL Salz
1 TL Öl
400 g Spaghetti
100 g Parmesankäse
3 Eier
1/8 l Sahne
1/2 TL Salz
weißer Pfeffer, frisch gemahlen
3 EL Butterschmalz
1 EL Schnittlauchröllchen oder Petersilie

Wasser mit Salz und Öl in einem großen Topf zum Kochen bringen. Die Spaghetti durchbrechen und ins sprudelnd kochende Wasser geben. Die Spaghetti gründlich umrühren und „al dente" kochen.
Den Parmesankäse auf einem Reibeisen reiben. Die Eier mit Sahne, Salz und Pfeffer verquirlen und unter den Käse mischen.
Spaghetti in einem großen Sieb über der Spüle gut abtropfen und kalt werden lassen. Die kalten Spaghetti mit der Eier-Sahne in einer Schüssel mischen.

Krabbenomelette

1 EL Butterschmalz in einer großen Pfanne schmelzen lassen, die Spaghetti hinzufügen, verteilen und die Eimasse bei mittlerer Hitze stocken lassen. Währenddessen seitlich noch etwas Butterschmalz in die Pfanne geben.
Wenn die Unterseite gut gebräunt ist, einen Deckel in entsprechender Größe auf die Pfanne legen, die Pfanne so wenden, daß die gebräunte Seite der Omelette nach oben zeigt.
Das restliche Butterschmalz zerlassen, die Omelette langsam wieder in die Pfanne gleiten lassen und die Unterseite ebenfalls braun braten.
Die Omelette in vier Stücke schneiden und mit Schnittlauchröllchen oder gehackter Petersilie bestreuen. Gleich servieren.

16-20 mit Paprika gefüllte Oliven

4 Eier

Salz

schwarzer Pfeffer

1 Prise edelsüßes Paprikapulver

etwas Muskatnuß

120 g Krabben (Garnelen, Shrimps)

3 EL Olivenöl

Die Oliven in dünne Scheiben schneiden. Eier in einer Schüssel verquirlen. Mit Salz, Pfeffer, Paprikapulver und Muskat würzen. Krabben und Olivenscheiben unter die Eier mischen.
Olivenöl in einer Pfanne erhitzen. Die Eiermischung hineingießen und bei schwacher Hitze stocken lassen. Wenn nur noch die oberste Schicht flüssig ist, die Omelette auf einen Teller gleiten lassen und umgedreht wieder in die Pfanne geben. In 5 Minuten fertigbraten.
Die Krabbenomelette halbieren oder vierteln und anrichten.

Omelett mit Sardellen

8 Eier

4 EL gehackte Petersilie

2 Sardellen

Salz

schwarzer Pfeffer

Butter

Öl

Die Eier verquirlen und mit Salz und Pfeffer würzen. Sardellen wässern, abtropfen und fein hacken. Petersilie und Sardellen unter die Eier mischen. Die Butter mit Öl in einer Pfanne erhitzen, die Eimasse hineingeben und stocken lassen. Die Oberfläche soll noch cremig bleiben. Die Pfanne schräg halten, und das Omelett mit Hilfe eines Löffels im Vorwärtsgleiten zusammenklappen.
Sofort servieren.

Pizza Napolitana
(klassisch)

1 Paket Tomatenstückchen (375 g)	
250 g in Scheiben geschnittener Mozzarellakäse	
Salz	
einige Basilikumblättchen	
6 EL Olivenöl zum Beträufeln	

Aus Hefe, Wasser, Mehl und Salz einen Pizzateig bereiten und gehen lassen. Tomatenstückchen, den in Scheiben geschnittenen Mozzarellakäse darauf verteilen. Basilikum waschen, trockentupfen und blättchenweise auf der Pizza verteilen. Auf mittlerer Schiene in etwa 30 Minuten backen.

Grundteig Pizza

500 g Weizenmehl (Type 550)
30 g frische Hefe (ersatzweise 1 Päckchen Trockenhefe)
1/2 TL Salz
Mehl zum Bestäuben
Fett für das Blech

In die Mitte des Mehls eine Mulde drücken. Zerbröckelte Hefe und einen Viertelliter lauwarmes Wasser hineingeben und leicht verrühren. (Oder Mehl und Trokkenhefe mischen. Lauwarmes Wasser zugießen und zuerst mit den Knethaken des Handrührers, danach mit den Händen zu einem glatten Teig verkneten.) Teig zugedeckt etwa 30 Minuten gehen lassen. Salz zufügen und nochmals durchkneten. Eventuell noch etwas Wasser zugeben, so daß ein geschmeidiger Teig entsteht.

Teig etwa zehn Minuten mit den Händen kneten. Teig dritteln, mit Mehl bestäuben und zugedeckt etwa zwei Stunden an einem warmen Ort gehen lassen, bis er sich verdoppelt hat. Teig nochmals durchkneten und jede Portion etwa 1/2 cm dick ausrollen. Teigfladen auf ein gefettetes Backblech legen. Belegen nach Wahl oder nach unseren Rezepten. In den vorgeheizten Backofen schieben und bei 250 Grad/Gas Stufe 5 15-20 Minuten backen. Fertig ohne Wartezeit in 30 Minuten.

Pizza „Vier Jahreszeiten"
(quattro stagioni)

Für den Teig:
- 20 g Hefe
- 3/16 l lauwarmes Wasser
- 200 g Mehl
- 1/2 TL Salz

Zum Belegen:
- 200 g Miesmuscheln aus dem Glas
- 200 g Artischockenherzen aus dem Glas
- 100 g Champignons
- 50 g gekochter Schinken
- 50 g Mozzarellakäse
- 400 g geschälte Tomaten aus der Dose
- 1 TL Salz
- frisch gemahlener schwarzer Pfeffer
- 1 TL getrockneter Oregano
- 100 g schwarze Oliven
- 4 Sardellenfilets

Für das Backblech:
- Öl

Aus Hefe, Wasser, Mehl und Salz einen Pizzateig bereiten und gehen lassen.
Die Muscheln und die Artischocken abtropfen lassen. Die Champignons putzen, waschen, abtropfen lassen und in Scheiben schneiden.
Den Backofen auf 220 Grad vorheizen. Das Backblech mit Öl ausstreichen.
Den Schinken in Streifen schneiden. Den Käse würfeln. Die Tomaten abtropfen lassen und in einer Schüssel mit einer Gabel zerdrücken. Mit dem Salz, Pfeffer, dem Oregano und den übrigen Zutaten mischen.
Aus dem Hefeteig zwei Fladen von etwa 25 cm Ø ausrollen; die Ränder etwas dicker formen. Auf das Blech legen und jeweils mit einem Messer Viertel markieren. Je 1/4 der Pizzen mit den Muscheln und den Artischocken, mit den Champignons und dem Schinken, mit dem Käse, den Oliven, den Sardellen und dem Tomatengemisch belegen.
Die Pizzen auf der mittleren Schiene in etwa 30 Minuten goldgelb backen.

Pizza mit Thunfisch

Für den Teig:

20 g Hefe

3/16 l lauwarmes Wasser

200 g Mehl

1/2 TL Salz

Zum Belegen:

2 Dosen Thunfisch ohne Öl (420 g)

2 Knoblauchzehen

1/2 TL Salz

3 EL Olivenöl

1 TL getrockneter Thymian

frisch gemahlener weißer Pfeffer

12 Artischockenherzen aus der Dose

50 g Parmesankäse

3 EL Crème fraîche

2 Eigelbe

2 EL Schnittlauchröllchen

Für das Backblech:

Öl

Aus Hefe, Wasser, Salz und Mehl einen Pizzateig bereiten.
Den Backofen auf 200 Grad vorheizen. Das Backblech mit Öl bestreichen. Den Teig mit einem bemehlten Rollholz auf dem Blech zu einem runden Fladen ausrollen und mit einer Gabel mehrmals einstechen. Den Thunfisch in Stücke zerteilen. Die Knoblauchzehen schälen, sehr fein hakken und mit dem Salz, dem Öl, dem Thymian und Pfeffer nach Geschmack unter den Thunfisch mischen. Die Artischockenherzen abtropfen lassen und vierteln. Artischockenherzen und Thunfischgemisch verteilen. Parmesan auf einer Reibe reiben, mit Crème fraîche und den Eigelben verrühren und über die Pizza träufeln. Schnittlauch darüberstreuen.
Die Pizza auf der mittleren Schiene im Backofen 30 Minuten backen.

Pizza mit Mozzarella und Basilikum

Für den Teig:
- 400 g Mehl
- 20 g Hefe
- 3/16 l lauwarmes Wasser
- 1/2 TL Salz
- 2 EL weiche Butter

Zum Belegen:
- 400 g Tomaten
- 80 g durchwachsener Speck
- 1 Zwiebel
- 8 Sardellenfilets
- 250 g Mozzarellakäse
- 30 schwarze Oliven
- je 1/2 TL getrockneter Thymian und Oregano
- 20 kleine Basilikumblättchen
- 1 Prise schwarzer Pfeffer
- 1 EL Olivenöl

Für das Backblech:
- Öl

Aus Mehl, Hefe, Wasser, dem Salz und der Butter einen Pizzateig bereiten.
Tomaten mit kochendem Wasser überbrühen, abschrecken, häuten, in dicke Scheiben schneiden.
Den Speck in Streifen schneiden. Die Zwiebel schälen und in Ringe schneiden. Die Sardellen längs halbieren.
Den Käse in dicke Scheiben schneiden.
Den Hefeteig auf einer leicht bemehlten Platte ausrollen; den Rand etwas dicker formen als den Boden.
Die vorbereiteten Zutaten auf den Pizzen verteilen. Die Oliven, die Kräuter, das Basilikum und den Pfeffer über die Pizzen streuen und das Öl darüberträufeln.
Den Backofen auf 220 Grad vorheizen. Das Backblech einölen.
Die Pizzen noch gehen lassen, dann auf der mittleren Schiene 25-30 Minuten backen.

Pizza mit Meeresfrüchten
(frutti di Mare)

Für den Teig:

20 g Hefe

3/16 l lauwarmes Wasser

400 g Mehl

1/2 TL Salz

Zum Belegen:

1 Zwiebel

2 EL Öl

400 g geschälte Tomaten aus der Dose

200 g Miesmuscheln naturell, aus dem Glas

12 Sardellenfilets

250 g geräuchertes Makrelenfilet

200 g gekochte Garnelen

4 EL Kapern

2 Messerspitzen Salz

frisch gemahlener schwarzer Pfeffer

2 EL gehacktes Basilikum

4 EL Olivenöl

Für das Backblech:

Öl

Aus den Zutaten einen Pizzateig bereiten.
Die Zwiebel schälen, würfeln und in dem Öl glasig braten.
Die Tomaten abtropfen lassen, zur Zwiebel geben, unter Rühren zerdrücken und so lange leicht kochen lassen, bis alle Flüssigkeit verdampft ist. Danach abkühlen lassen.
Die Muscheln abtropfen lassen. Die Sardellenfilets in Stückchen und die Makrelenfilets in Streifen schneiden.
Das Backblech mit Öl bestreichen. Den Backofen auf 220 Grad vorheizen. Aus dem Hefeteig ein großes Oval ausrollen und auf das Backblech legen.
Die Pizza mit den vorbereiteten Zutaten, den Garnelen und Kapern belegen. Mit Salz, Pfeffer und Basilikum bestreuen und mit Öl beträufeln.
Die Pizza im Backofen auf der mittleren Schiene 30 Minuten backen und heiß servieren.

Calzone mit Ricotta und Spinat

Für den Teig:

20 g Hefe	
3/16 l lauwarmes Wasser	
400 g Mehl	
1/2 TL Salz	
4 EL weiche Butter	

Zum Füllen:

700 g Spinat	
1 Zwiebel	
2 Knoblauchzehen	
3 EL Olivenöl	
50 g Ricottakäse	
je 1 Messerspitze Salz	
weißer Pfeffer	
Rosenpaprikapulver	
2 EL Olivenöl	

Aus Hefe, Wasser, Mehl, Salz und der Butter einen Pizzateig bereiten.

Den Spinat verlesen, harte Stiele abschneiden, in lauwarmem Wasser waschen und noch naß in einem großen Topf erhitzen, bis der Spinat zusammenfällt. Dann in einem Sieb abtropfen lassen, auf einem Brett grob hacken und in eine Schüssel geben. Zwiebel und Knoblauchzehen schälen und fein hacken. Das Olivenöl in einer Pfanne erhitzen, die Zwiebel- und Knoblauchwürfel darin glasig braten und zum Spinat geben. Den Käse mit einer Gabel zerdrücken und mit dem Salz, dem Pfeffer und dem Paprikapulver untermischen.

Das Backblech mit Öl bestreichen. Den Backofen auf 220 Grad vorheizen. Den gut gegangenen Teig auf einer bemehlten Platte etwa 1 cm dick zu einem Quadrat ausrollen. Das Quadrat in vier Teile schneiden.

Die Spinatmischung auf die vier Quadrate geben, dabei einen fingerbreiten Rand freilassen. Die Teigquadrate zu Rechtecken umschlagen, die Ränder gut zusammendrücken und auf das Blech legen.

Die Oberflächen mit dem Öl bestreichen. Die Calzone auf der mittleren Schiene im Backofen 30 Minuten backen.

Italienische Spezialitäten

Risotto, Gnocchi und Polenta sind Namen, die man kennt. Bei Risotto ist auch der Avorio-Reis berühmt. Dieser Rundkornreis wird in Norditalien in der Po-Ebene angebaut.

Rezept S. 96

Grundrezept Risotto

Ein Stück Butter und etwas Olivenöl in einer Pfanne erhitzen und feingehackte Zwiebeln oder Schalotten dazugeben und glasig werden lassen.
Rundkornreis (Avorio) einstreuen und unter ständigem Rühren 2-3 Minuten erhitzen.
Einen Schöpflöffel Brühe oder Wein oder Wasser dazugeben und den Reis bei schwacher Hitze ausquellen lassen.
Wenn der Reis die Flüssigkeit aufgenommen hat, einen weiteren Schöpflöffel Flüssigkeit dazugeben, bis der Reis gar ist.
Der Reis soll feucht sein, aber nicht mehr in der Flüssigkeit schwimmen. Reichlich Butter und geriebenen Käse unterrühren, mit Salz würzen.

Risotto mit Broccoli und Champignons

1 Zwiebel
100 g Butter
Margarine
350 g italienischer Rundkornreis (Avorio)
150 ml trockener Weißwein
1 1/4 l Brühe (Instant)
250 g Broccoli
Salz
Pfeffer
250 g Rosé-Champignons
50 g geriebener Parmesankäse
Petersile (frisch oder getrocknet)

Zwiebel schälen, fein würfeln. Dann 75 g Fett in einem Topf erhitzen. Zwiebel darin andünsten.
Reis zufügen, unter Rühren glasig dünsten. Wein angießen und bei schwacher Hitze verdunsten lassen. Die Hälfte der Brühe zugießen, alles aufkochen. Bei mittlerer Hitze ca. 20 Minuten garen. Broccoli putzen, waschen, in kleine Röschen teilen.
In reichlich kochendem Salzwasser ca. 5 Minuten blanchieren. Broccoli herausnehmen und abtropfen lassen. Champignons putzen, waschen, in dicke Scheiben schneiden. Im restlichen Fett andünsten, salzen und pfeffern.
Pilze mit dem Broccoli und der restlichen Brühe unter den Reis rühren. Noch 15 Minuten garen. Mit Salz und Pfeffer würzen. Käse unterziehen, mit gehackter Petersilie bestreuen.

Risotto mit Safran

400 g Rundkornreis
100 g feine Zwiebelwürfel
2 EL Butter
2 EL Olivenöl
1 l Fleischbrühe
Safran
80 g geriebener Parmesan
40 g Butter

Butter erhitzen. In einem Topf 2 EL Butter und 2 EL Olivenöl erhitzen. Feine Zwiebelwürfel darin glasig dünsten, den Reis hineingeben und unter Rühren ausschwitzen.
Kochende Brühe sowie Safran zugeben und zugedeckt bei kleiner Hitze garen (ca. 18 Minuten).
Danach den Käse und die Butter locker untermischen, eventuell noch etwas Brühe unterrühren.
Risotto soll saftig sein, die Körner müssen ganz bleiben.

Risotto mit Wirsingblättern

1 kleiner Wirsing (etwa 600 g)
2 Knoblauchzehen
80 g Butter
etwa 1 l Fleischbrühe
300 g Rundkornreis (Avorio)
Salz
schwarzer Pfeffer, frisch gemahlen
100 g Parmesan, frisch gerieben

Die Wirsingblätter in feine Streifen schneiden. Die Knoblauchzehen durchpressen.
In einer Kasserolle die Hälfte der Butter schmelzen lassen, den Knoblauch darin bei schwacher Hitze anbraten (er darf dabei nicht braun werden). Den Wirsing dazugeben, 2-3 Eßlöffel Brühe angießen und zugedeckt in 10-15 Minuten bei weiterhin schwacher Hitze knapp garen.
Die Brühe aufkochen. Den Reis unter den Wirsing mischen, 2-3 Minuten anziehen lassen. 2 Tassen kochende Brühe angießen.
Offen bei mittlerer Hitze einkochen lassen, ab und zu umrühren. Nach und nach kochende Brühe dazugießen, bis der Risotto gar ist. Das dauert etwa 20 Minuten. Er darf dabei nicht trocken werden.
Mit Salz und Pfeffer würzen. Vor dem Servieren die restliche Butter und die Hälfte des Käses untermischen. Den restlichen Käse extra reichen.

Gnocchi alla romana

1/2 l Milch
125 g Grieß
1 Ei
75 g frisch geriebener Pecorino- oder Parmesankäse
Salz
Muskat
50 g Butter

Milch aufkochen. Grieß unter Rühren einstreuen. Bei kleinster Hitze 10 Minuten unter gelegentlichem Rühren ausquellen lassen.
Ei und die Hälfte des Parmesankäses unterrühren. Mit Salz und Muskat abschmecken. Den Grießbrei zu einer Rolle formen. Zugedeckt etwa eine Stunde stehenlassen.
Dann in Scheiben schneiden.
Eine ofenfeste Form mit Butterflöckchen ausfetten. Scheiben schuppenförmig einschichten. Mit restlicher Butter und restlichem Käse bestreuen.
In den Backofen schieben, auf 225 Grad/ Gas Stufe 4 schalten und etwa 25 Minuten backen.

Gnocchi
(süß)

1 1/4 l Wasser
1 EL Salz
350 g Maisgrieß, möglichst grob gemahlen

In einem hohen Topf das Wasser mit dem Salz aufkochen. Den Maisgrieß unter ständigem Rühren mit dem Schneebesen so langsam einlaufen lassen, daß dabei keine Klumpen entstehen. Dann etwa 45 Minuten bei schwacher Hitze kochen, dabei ständig mit einem Kochlöffel rühren, damit der Grieß nicht anbrennt. Er soll gut ausquellen, damit ein fester Brei entsteht. Den Brei auf eine befeuchtete Platte oder ein Holzbrett stürzen, glattstreichen und zugedeckt kurz ruhen lassen. Den Brei mit Hilfe eines Bindfadens in Scheiben schneiden.
Die Scheiben kann man frisch gekocht, in Butter gebraten, gezuckert als Süßspeise oder gegrillt als Beilage verwenden.
Zubereitungszeit etwa 1 Stunde.

Polenta-Auflauf mit Speck
(Maisbrei)

1 l Gemüsebrühe aus Würfeln
250 g Maisgrieß (Polenta)
Salz
100 g Peccorino- oder Parmesankäse
2 große Zwiebeln
150 g durchwachsener Speck
1 EL Olivenöl
100 g grüne Oliven
4 EL Semmelbrösel
2 EL Butter
Für die feuerfeste Form:
etwas Butter

Die Gemüsebrühe zum Kochen bringen, den Maisgrieß unter Umrühren in die Brühe streuen und den Grieß unter ständigem Rühren 2 Minuten wallend kochen lassen. Den Grieß dann bei sehr schwacher Hitze in 30 Minuten ausquellen lassen. Die Polenta mit Salz abschmecken und abkühlen lassen. Den Käse auf einem Reibeisen reiben. Zwiebel schälen und kleinwürfeln. Speck ebenfalls kleinwürfeln. Das Öl in einer großen Pfanne erhitzen, Zwiebel- und Speckwürfel unter mehrmaligem Umwenden darin knusprig braun braten. Vom Herd nehmen.
Die Oliven entsteinen und würfeln. Den Backofen auf 220° C vorheizen. Eine feuerfeste Form ausfetten.
Die Polenta mit der Hälfte des Käses verrühren. Die Hälfte der Polenta in die Form streichen. Das Zwiebel-Speck-Gemisch und die Oliven darüberstreuen und die restliche Polenta daraufstreichen. Den restlichen Käse und die Semmelbrösel auf die Polenta streuen. Butter in Flöckchen darauflegen und den Auflauf auf der mittleren Schiene im Backofen in etwa 30 Minuten goldbraun überbacken.

Nudelauflauf mit Zucchini

- 3 l Wasser
- 1 TL Salz
- 1 TL Öl
- 400 g Zucchini
- 6 EL Milch
- 1 Messerspitze Salz
- 200 g Salami
- 1 Zwiebel
- 50 g Edamer Käse
- 1 EL Öl
- 1 Becher Magerjoghurt (150 g)
- 2 Eier
- 2 EL Butterflöckchen

Für die feuerfeste Form:
etwas Butter

Das Wasser mit Salz und Öl zum Kochen bringen. Die Hörnchennudeln darin knapp „al dente" garen. Dann abtropfen lassen. Inzwischen die Zucchini waschen, abtrocknen, die Enden abschneiden und die Zucchini längs in Streifen und diese dann in Würfel schneiden. Milch mit Salz zum Kochen bringen. Zucchiniwürfel hineinschütten und zugedeckt bei schwacher Hitze 5 Minuten dünsten. Salami in kleine Würfel schneiden. Die Zwiebel schälen und ebenfalls kleinwürfeln. Den Käse grob reiben. Den Backofen auf 200° C vorheizen. Die Form ausfetten.
Öl in einer Pfanne erhitzen und die Zwiebel unter mehrmaligem Wenden hellgelb braten. Die Salami hinzufügen und kräftig anbraten.
Die Nudeln mit der Zwiebel, der Salami und den Zucchini samt Dünstflüssigkeit in die Form geben.
Joghurt mit Eiern verquirlen und über den Auflauf gießen. Den Käse und die Butterflöckchen darauf verteilen. Den Auflauf auf der mittleren Schiene in etwa 20 Minuten goldgelb überbacken.

Nudelauflauf mit Auberginen

- 2 l Wasser
- 1/2 TL Salz
- 1 TL Öl
- 200 g Bucatini (dünne Makkaroni)
- 100 g Gruyère-Käse
- 500 g Auberginen
- 2 Zwiebeln
- 5 Basilikumblätter
- 1 Dose Tomaten (425 g)
- 2 EL Öl
- 1/2 TL Salz
- weißer Pfeffer, frisch gemahlen
- 1/8 l Sahne
- 2 Eier

Wasser mit Salz und Öl zum Kochen bringen. Die Makkaroni ins kochende Wasser schieben. Dann gründlich umrühren und die Nudeln knapp „al dente" garen. Den Käse auf einem Reibeisen reiben. Die Auberginen waschen, abtrocknen, die Stielenden abschneiden und die Auberginen würfeln. Die Zwiebeln schälen und ebenfalls würfeln. Den Backofen auf 200° C vorheizen. Die Basilikumblättchen waschen, trockentupfen

Broccoliauflauf

1 kg Broccoli
500 g Fleischtomaten
1/2 Brötchen
1 Zwiebel
2 EL Öl
500 g gemischtes Hackfleisch
1 Messerspitze weißer Pfeffer
je 1/2 TL Salz und Paprikapulver edelsüß
1 Ei
50 g Parmesankäse
2 EL Butter
2 EL Petersilie
Für die feuerfeste Form etwas Butter

Den Broccoli waschen, putzen, in gröbere Röschen teilen, Strunk evtl. abhäuten und abtropfen lassen.
Tomaten mit kochendheißem Wasser überbrühen, abschrecken, häuten und in Scheiben schneiden.
Das Brötchen in kaltem Wasser einweichen.
Die Zwiebel schälen und würfeln.
Öl in einer Pfanne erhitzen, die Zwiebel darin glasig braten, das Hackfleisch zugeben, anbraten und mit dem Pfeffer, dem Salz und dem Paprikapulver würzen.
Die Hackfleischmasse leicht abkühlen lassen, dann das Ei und das ausgedrückte Brötchen untermischen.
Den Broccoli in den gewässerten Tontopf oder in eine gefettete Form legen. Das Hackfleisch darauf verteilen und die Tomaten darüberlegen.
Käse reiben und über die Tomaten streuen. Butter in Flöckchen darauf verteilen. Die Form schließen, auf die unterste Schiene stellen und den Backofen auf 220° anheizen. Den Auflauf in etwa 60 Minuten garen.
Den Auflauf in der Form servieren und mit der Petersilie bestreuen.

Weiße Bohnen mit Tomaten

500 g weiße Bohnen aus der Dose

500 g Tomaten aus der Dose

5 EL Olivenöl

10 Salbeiblätter

Salz und Pfeffer

Olivenöl in einem Topf erhitzen und die Salbeiblätter darin anbraten.
Die Bohnen und die Tomaten dazugeben und alles zusammen bei mittlerer Hitze etwa 20 Minuten köcheln lassen. Mit Salz und frisch gemahlenem Pfeffer würzen.

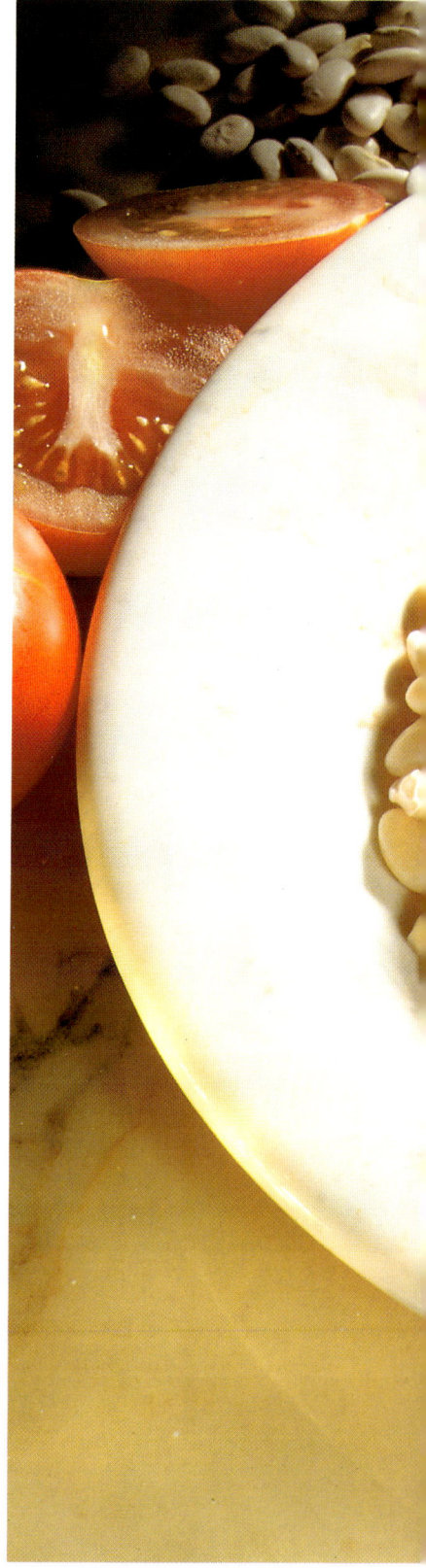

Fleischgerichte

Klingende Namen wie Saltimbocca, Ossobuco oder Scaloppine schmücken so manche Speisekarte. Dahinter verbergen sich die leckersten Fleischgerichte Italiens.

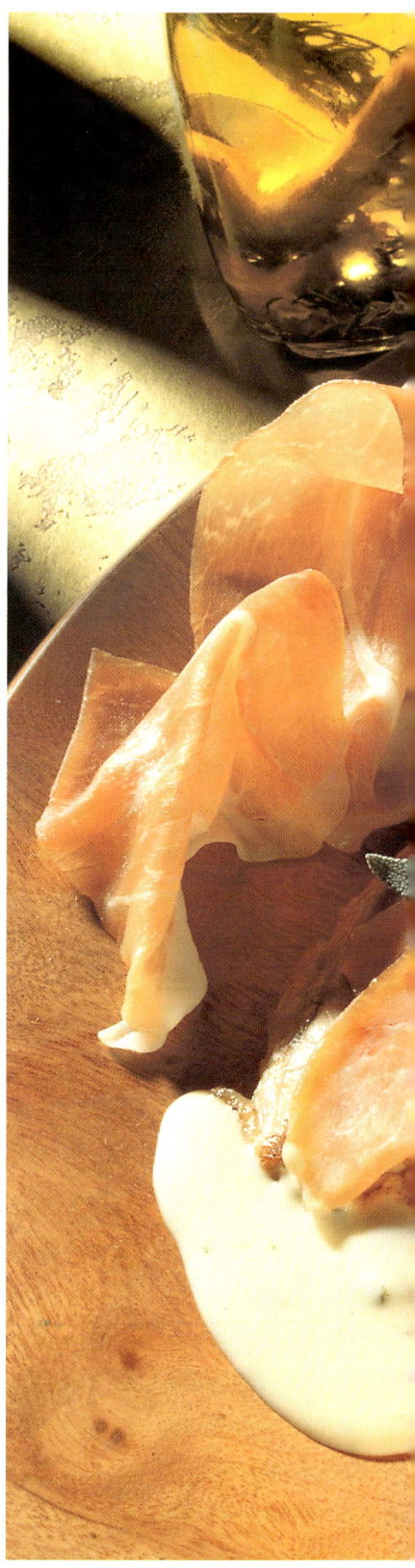

Kalbsschnitzel mit Schinken und Salbei (Saltimbocca alla Romano)

- 8 sehr dünne Kalbsschnitzel à etwa 80 g
- 8 dünne Scheiben Parmaschinken
- frisch gemahlener Pfeffer
- 1 Bund Salbei
- 40 g Butter oder Margarine
- 5 EL Marsalawein oder Weißwein (ersatzweise Brühe und 1 EL Zitronensaft)
- Salz

Dünne, mit der Maschine geschnittene Schnitzel und Schinken in je zwei bis drei Stücke schneiden. Die Fleischstücke leicht mit Pfeffer würzen und mit je einem Schinkenscheibchen und einem Salbeiblatt belegen. Mit kleinen Holzspießchen feststecken. Die Fleischscheiben portionsweise in heißem Fett von jeder Seite etwa zwei Minuten braten und herausnehmen. Das Fett abgießen. Marsalawein zum Bratensatz geben und etwas einkochen. Mit Salz abschmecken. Die Sauce durch ein Sieb gießen und über die Saltimbocca verteilen.
Fertig in 30 Minuten.

Schweinekotelett in Weißwein

- 4 dicke Koteletts
- 2 EL Butter
- 2 EL Olivenöl
- 3/4 Tasse trockener Weißwein
- 1 TL gemahlener Salbei
- 1 TL gemahlener Rosmarin
- 1 TL Knoblauch
- 1 TL Salz
- Pfeffer
- 1 EL gehackte Petersilie (frisch oder getrocknet)

Scharf marinierte Koteletts

8 Schweinenackenkoteletts (à 200 g)	
3-4 getrocknete Chilischoten	
1/8 l Tomatenketchup	
4 EL Öl	
2 EL mittelscharfer Senf	
einige Tropfen Tabasco	
Majoran (frisch oder getrocknet)	
Salz	

Salbei, Rosmarin, Knoblauch (gepreßt), Salz und Pfeffer miteinander vermischen und die Koteletts auf beiden Seiten damit einreiben. In einer Pfanne die Butter und das Olivenöl heiß werden lassen und die Koteletts darin von beiden Seiten braten. Wenn sie braun sind, aus der Pfanne nehmen. Das Fett bis auf einen kleinen Rest aus der Pfanne nehmen und mit dem Weißwein aufgießen.
Bei starker Hitze aufkochen lassen. Die Koteletts wieder in die Pfanne geben und die Hitze reduzieren. Etwa 15 Minuten in dem Sud ziehen lassen, gelegentlich mit dem Sud begießen.
Koteletts aus der Pfanne nehmen und den Bratensatz stark einkochen lassen. Abschmecken und die fein gehackte Petersilie hineingeben. Die Sauce über die Koteletts gießen.

Nackenkoteletts waschen, trockentupfen und nebeneinander in eine flache Schale legen.
Chilischoten in einer Schüssel oder in einem Mörser zerstoßen. Ketchup, Öl, Senf und Tabasco zufügen und verrühren. Majoran unterrühren.
Marinade auf die Koteletts verteilen und zugedeckt 1 Stunde durchziehen lassen. Dabei einmal wenden. Nackenkoteletts mit Küchenpapier etwas abtupfen und auf dem heißen Grill von beiden Seiten grillen.
Dabei ab und zu mit der Chili-Marinade bestreichen. Mit Salz würzen.

Geschmorte Kalbshaxenscheiben
(Ossobuco)

- 4 Scheiben Kalbshaxe à etwa 250 g
- frisch gemahlener Pfeffer
- 1-2 EL Mehl
- 50 g Butterschmalz
- 2 Zwiebeln
- 100 g Sellerie
- 2 Möhren
- 500 g reife Flaschentomaten oder 1 Paket Tomatenstückchen
- 1/4 l Weißwein (ersatzweise Brühe)
- Salz
- 3 Sardellenfilets
- 1/2 Bund glatte Petersilie frisch oder getrocknet
- 1/2 Zitrone
- eventuell 2 Knoblauchzehen

Fleisch kalt abspülen und mit Küchenkrepp trockentupfen. Mit Pfeffer bestreuen und mit Mehl leicht bestäuben. Butterschmalz erhitzen und die Beinscheiben darin von beiden Seiten braun anbraten. Abgezogene, geviertelte Zwiebeln, Sellerie- und Möhrenwürfel zufügen und mit dem Fleisch kurz andünsten. Abgezogene, entkernte Tomaten oder Tomatenstückchen zum Fleisch geben und ebenfalls kurz andünsten.
Im geschlossenen Topf 30 Minuten schmoren. Weißwein zugießen und noch 20 Minuten weiterschmoren. Inzwischen Sardellenfilets, Petersilie, dünn abgeschälte Zitronenschale und abgezogene Knoblauchzehen sehr fein hacken und vermischen.
Fleisch noch zehn Minuten im offenen Topf schmoren.

Die Kalbshaxenscheiben mit Salz und Pfeffer abschmecken und kurz vor dem Servieren mit der Petersilienmischung bestreuen.
Fertig in 1 Stunde 20 Minuten.
Klassisch dazu: Risotto und kleingeschmortes Gemüse, quer durch den Garten.

Rindfleischrouladen

750 g Spinat
Salz
Muskat
12 Rindsrouladen à etwa 120 g
1 Dose Tomatenmark
frisch gemahlener Pfeffer
3 Knoblauchzehen
200 g Ricottakäse
150 g gekochter Schinken
750 g Zucchini
500 g Tomaten
Fett für die Fettpfanne
1 Becher Schlagsahne (250 g)
1 Bund Petersilie

Spinat tropfnaß in einen Topf geben und bei großer Hitze zusammenfallen lassen. Einmal aufkochen und auf einem Sieb abtropfen lassen.
Mit Salz und Muskat würzen.
Fleisch mit Tomatenmark bestreichen. Salzen, pfeffern und mit hauchdünnen Knoblauchscheiben, Spinat, Ricottakäse und Schinkenstreifen belegen. Aufrollen und mit Küchenband binden.
Zucchinischeiben und abgezogene Tomaten in die gefettete Fettpfanne des Backofens geben.
Rouladen darauf verteilen. Sahne mit Salz und Pfeffer verrühren. Über Fleisch und Gemüse gießen.
In den Backofen schieben, auf 200 Grad 1 Stunde 20 Minuten garen. Rouladen zwischendurch einmal wenden. Mit Petersilie bestreuen.

Kalbsleber nach venezianischer Art *(Fegato)*

250 g Zwiebeln
2 Scheiben Kalbsleber à 200 g
1 EL Mehl
3 EL Olivenöl
50 g Butter oder Margarine
1 Stiel Salbei (etwa 6 große Blätter)
1 Bund glatte Petersilie
6 EL Weißwein (ersatzweise 1 EL Essig und 5 EL Brühe)
Salz
frisch gemahlener Pfeffer

Zwiebeln abziehen und in feine Ringe schneiden.
Leber abspülen, abtupfen und in Streifen schneiden. Leicht mit Mehl bestäuben.
Olivenöl und Fett in einer Pfanne erhitzen. Leber darin unter Wenden etwa zwei Minuten braun braten. Aus der Pfanne nehmen und warmstellen.
Zwiebeln im Bratfett glasig dünsten. Salbeiblätter und gehackte Petersilie zufügen und kurz mitdünsten.
Wein zugießen und bei großer Hitze kochen, bis die Flüssigkeit verdampft ist.
Leber wieder zufügen und alles mit Salz und Pfeffer abschmecken.
Fertig in 40 Minuten.

Kalbsschnitzel in Marsala
(Scaloppine)

2 dünne Kalbsschnitzel à etwa 150 g
Salz
frisch gemahlener Pfeffer
1 EL Mehl
50 g Butter oder Margarine
1/8 l Marsalawein

Jedes Schnitzel in drei Stücke schneiden und ganz dünn klopfen. Leicht salzen und pfeffern und mit Mehl bestäuben.
Schnitzel in heißem Fett von jeder Seite zwei bis drei Minuten anbraten. Herausnehmen und warmstellen.
Marsalawein zum Bratfett gießen und bei großer Hitze einkochen lassen.
Kalbsschnitzel kurz in der Sauce wenden und servieren.
Fertig in 15 Minuten.

Rinderfilet mit Gorgonzolasauce

- 200 g Schlagsahne
- 3-4 EL trockener Weißwein
- Salz
- weißer Pfeffer
- 100 g Gorgonzola
- 1 Eigelb
- 4 Filetsteaks (à 150 g)
- 2-3 EL Öl

Sahne und Wein bei mittlerer Hitze 10-15 Minuten einkochen lassen.
Mit Salz und Pfeffer würzen und 1/4 des Gorgonzolas unterrühren.
Die Sauce mit Eigelb legieren. Die Steaks im heißen Öl von jeder Seite 2-3 Minuten braten, salzen und pfeffern. Mit der Sauce übergießen und mit dem restlichen Käse bestreuen. Im vorgeheizten Backofen bei 250 Grad goldgelb überbacken.

Poularde nach sizilianischer Art

1 küchenfertige Poularde
6 EL Olivenöl
2-3 große Zwiebeln
1 Glas Sardellen
500 g enthäutete Tomaten
2 Knoblauchzehen
1 EL Mehl
1 EL gehackte Petersilie oder Basilikum
Salz
Curry
Pfeffer

Die Poularde in Portionsstücke schneiden. 2 EL Öl erhitzen. Die Poulardenstücke von allen Seiten darin anbraten, bis sie goldbraun sind.
Die Zwiebeln abziehen und in Scheiben schneiden. Zwiebelscheiben in 2 EL Öl bei schwacher Hitze 3-4 Minuten braten.
Kleingeschnittene Knoblauchzehen hinzufügen. Ca. 3 Minuten weitergaren.
Die Sardellen dazugeben. Etwas Curry darüberstreuen, wenden, bis sich die Poularde goldgelb färbt. Restliche Sardellenflüssigkeit dazugeben.
Mit Pfeffer und Salz würzen und im geschlossenen Topf 30-45 Minuten schmoren lassen. Evtl. etwas Wasser zugießen, damit nichts anbrennt. Vor dem Servieren noch etwas abschmecken. Dazu schmeckt Risotto.

Lammscheiben mit Rosmarin

3 Knoblauchzehen

3 Zitronen

frischer oder getrockneter Rosmarin

8 doppelte Lammkoteletts (à 150 g)

6 EL Olivenöl

schwarzer Pfeffer

Salz

Knoblauch schälen und in Scheiben schneiden. Zitronen heiß waschen. Schale einer Zitrone abraspeln und die Zitrone auspressen. 2 Zitronen in Scheiben schneiden.

Fleisch waschen und trockentupfen. Fleisch mit Zitronenscheiben und -raspeln, Knoblauch und Rosmarin in eine flache Schale legen.

Öl und Zitronensaft verrühren. Mit Pfeffer würzen. Über das Fleisch gießen und zugedeckt 1 Stunde durchziehen lassen. Dabei einmal wenden.

Fleisch trockentupfen und von beiden Seiten anbraten, mit Marinade ab und zu bestreichen. Mit Salz würzen.

Dazu passen am besten Gnocchi alla romana und Zucchinigemüse.

Gegrillte Lammkoteletts

1 gutes Kilo Lammkoteletts
Rosmarin und Thymian (frisch oder getrocknet)
1 Knoblauchzehe
Salz
Pfeffer
2 EL Olivenöl
12 Champignonköpfe
2 Zucchini (grob zerkleinert)
8 Tomaten
8 Schalotten oder Zwiebeln

Die Knoblauchzehe fein hacken, die Kräuter kleinschneiden und mit frisch gemahlenem Pfeffer mischen. Die Lammkoteletts mit dieser Würzmischung einreiben, mit wenig Olivenöl befeuchten und grillen. Nebenbei auf einer Aluminiumschale das Gemüse mitgrillen lassen und alles nach dem Garen noch ein wenig salzen.
Sie können dieses Rezept natürlich auch im Grill des Backofens zubereiten.

Meeresfrüchte

Köstliche Meeresfrüchte wie Muscheln, Scampis und Tintenfische sind eine Delikatesse. „Leicht" zu genießen, sind sie kalorienarm und eine wahre Gaumenfreude.

Muscheln in Tomaten

- 2 kg Miesmuscheln
- 4 EL Olivenöl
- 1 Dose Tomaten
- 12 Knoblauchzehen
- 1 Becher Sahne
- Salz
- Pfeffer
- Cayennepfeffer
- 1 TL Zucker
- 2 Bund Basilikum
- 4 EL Petersilie (frisch oder getrocknet

Olivenöl in einem Topf mit zerdrückten Knoblauchzehen, Tomaten, Salz, Pfeffer, Cayennepfeffer sowie Zucker erhitzen und einkochen lassen.

Die gewaschenen Muscheln in den Topf geben, schließen und garen, bis sich die Muscheln geöffnet haben. Ungeöffnete Muscheln entfernen. Die Muscheln aus der Schale lösen und beiseite stellen. Die Flüssigkeit wieder gut einkochen lassen und die Hälfte des kleingeschnittenen Basilikums dazugeben.

Die Muscheln in den heißen Sud geben, mit dem restlichen Basilikum und der Petersilie bestreuen und sofort servieren.

Miesmuscheln in Weißwein

- 2 kg Miesmuscheln
- 2 Zwiebeln
- 2 Schalotten
- 2 Möhren
- 1 Stück Sellerie
- 1 Lorbeerblatt
- einige schwarze Pfefferkörner
- 1 Knoblauchzehe
- 1 Bund Petersilie
- 150 g Butter
- 1/2 l trockener Weißwein
- etwas Salz

Muscheln unter fließendem Wasser waschen und geöffnete Muscheln wegwerfen. In einem großen Topf Butter zerlassen und das gesamte kleingeschnittene Gemüse sowie Petersilie, Knoblauch, Pfefferkörner, Lorbeerblatt in der Butter andünsten. Dabei ständig rühren, damit die Butter nicht anbrennt.

Mit Weißwein ablöschen. Die Muscheln in den Sud geben und im geschlossenen Topf bei starker Hitze garen.

Miesmuscheln in Sahnesauce

1,5 kg Miesmuscheln
1/4 l Weißwein
2 Schalotten
Salz
Pfeffer
50 g Butter
25 g Mehl
1 Knoblauchzehe
1 Eigelb
1 EL Zitronensaft
100 g Sahne
1 TL Currypulver
Petersilie

Die Muscheln unter fließendem Wasser waschen und die geöffneten Muscheln wegwerfen.
Die tropfnassen Muscheln mit dem Wein, den feingehackten Schalotten, Salz und Pfeffer in einen Topf geben und zugedeckt bei hoher Temperatur garen.
Dabei den Topf ab und zu rütteln. Die Muscheln aus dem Topf nehmen und die Garflüssigkeit durch ein feines Sieb laufen lassen. Jeweils nur eine Schalenhälfte entfernen und die Muscheln mit der anderen Hälfte auf eine Platte legen.
Für die Sauce die Butter in einen Topf geben und zerlassen, das Mehl dazugeben und mit der Muschelflüssigkeit ablöschen und unter Rühren aufkochen lassen.
Mit Salz und Pfeffer würzen und den gepreßten Knoblauch dazugeben.
Etwa 10 Minuten unter ständigem Rühren simmern lassen.
Eigelb mit Sahne, Zitronensaft und Curry vermischen und in die Sauce geben. Die Muscheln mit der Sauce übergießen und mit Petersilie bestreuen.

Überbackene Muscheln

1 kg Miesmuscheln
1/4 l Weißwein
Zwiebeln
Salz
Pfeffer
5 Stiele Thymian
8 Stiele Oregano (frisch oder getrocknet)
1 Bund glatte Petersilie
2 Knoblauchzehen
20 ml Olivenöl
Salz
Pfeffer

Muscheln wie üblich kochen. Eine Hälfte der Schale wegwerfen, die andere Hälfte mit der Muschel aufs Backblech legen.
Für die Kräutermischung Thymian und Petersilie fein hacken, ebenso den Knoblauch.
Die Weißbrotscheibe ohne Rinde in einem Mixer zerkleinern. Brotkrumen, Gewürze, Knoblauch, Salz und Pfeffer mischen und mit dem Olivenöl verrühren. Auf jede Muschelhälfte etwas Kräutermischung geben und im Backofen oder unter dem Grill braun überbacken.

Scampis in Tomaten-Knoblauch-Sauce

400 g Scampis (ohne Schale)
1/2 Tasse Weißwein
3 Tomaten
1 Knoblauchzehe
Salz
Pfeffer
1 Lorbeerblatt
1 EL Olivenöl

Scampis waschen, evtl. den Darm entfernen. Tomaten mit kochend heißem Wasser überbrühen und abziehen. Mit einer Gabel zerdrücken.
1 Knoblauchzehe fein hacken, salzen, pfeffern. Eine feuerfeste Form innen mit etwas Olivenöl beträufeln. Die Scampis und die Tomaten-Knoblauch-Sauce darübergeben. Das Lorbeerblatt mitbacken lassen.
Im vorgeheizten Backofen bei 200° C ca. 15-20 Minuten überbacken.

Tintenfischringe frittiert
(Calamari fritti)

Panierte Tintenfischringe (Fertigpackung oder 750 g Tintenfischringe)

1/4 l Kokosfett (zum Backen)

1 Zitrone

Panierte Tintenfischringe in dem heißen Kokosfett knusprig braun ausbakken. Auf Teller oder in eine Schüssel geben. Dazu eine Tomaten-Knoblauch-Creme zum Einstippen oder eine andere Soße darübergeben. (Remoulade)

Fischgerichte

In den Mittelmeerländern war Fisch schon immer eine Delikatesse, schon von alters her. Und um Rezepte war niemand verlegen: Regionalküchen hatten tausend und eine Zubereitung ersonnen.

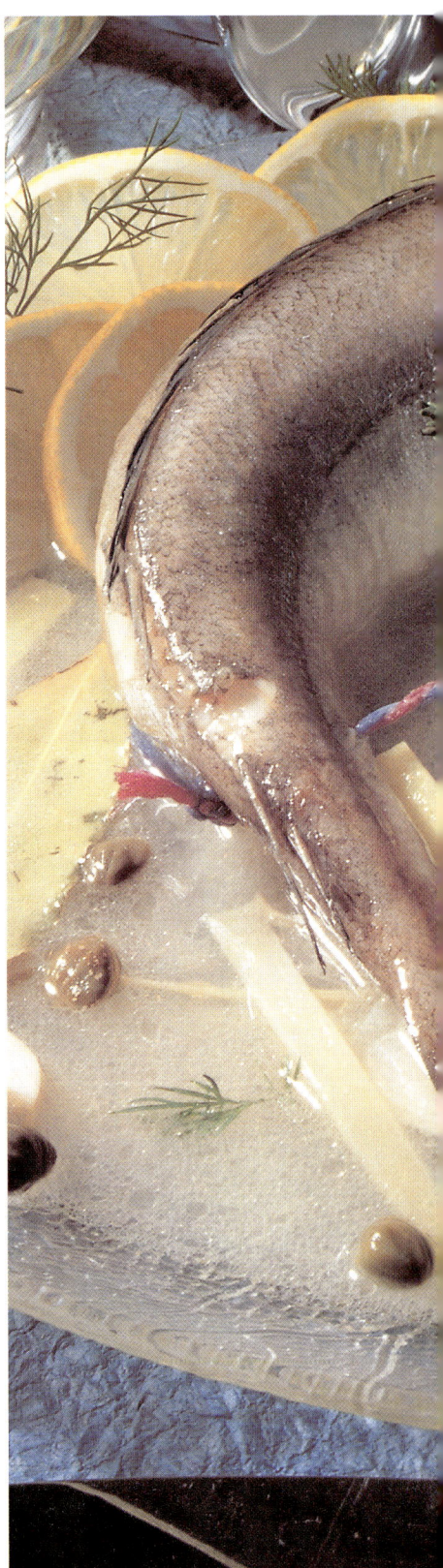

Rezept Seite 138

Seehecht in Weißwein mit Porree

1 Stck. Seehecht (ausgenommen und gebunden)
250 g Porree
1/4 l Weißwein
Pfefferkörner
Salz
Dill
Essig

Der Fisch wird in Weißwein gegart, gewürzt und mit Porreestreifen garniert.
Soße mit Mehl binden. Fisch in ca. 30 Minuten garziehen lassen. Er ist gar, wenn die Rückenflosse leicht zu entfernen ist.

Seezungenröllchen mit Porree im Blätterteig

2 Seezungen
4 Stangen Porree
50 g Butter
2 EL Crème fraîche
Pfeffer
Salz
Blätterteig

Für die Sauce:
80 g Schalotten
2 dl Weißwein (trocken)
500 g Butter
10 cl Sahne

Die weißen Teile vom Porree kleinschneiden und in Butter andämpfen. Abtropfen lassen und mit der Hälfte der Crème fraîche im Mixer pürieren. Von der Seezunge die Filets auslösen und mit diesem Püree bestreichen, einrollen.
Den grünen Porreerest ebenfalls dämpfen, pürieren und warmstellen. Die gerollten Filets in eine Kasserolle geben, mit einem Fond von Weißwein und Fischfond umgießen und pochieren. Blätterteig in Quadrate schneiden (5 mm dick, 5 x 5 cm groß), mit Ei bestreichen und 12 Minuten bei 220 Grad backen. In der Mitte durchschneiden, mit grünem Porree-Püree füllen, Seezungenröllchen auflegen und mit Deckel abschließen.
Sauce „Beurre blanc":

Die feingewürfelten Schalotten in Butter andünsten, mit Weißwein auffüllen und einkochen, etwas frische Sahne dazugeben und die Butter unterschlagen. Nach Geschmack mit Salz und Pfeffer würzen.

Loup in Senfsauce

- 2 Loup (700 g)
- 2 EL Senf
- 2 Tomaten
- 200 g Butter
- 1/2 l Weißwein
- 2 Schalotten
- 4 Scheiben Toastbrot
- 2 Bund Petersilie
- 2 Knoblauchzehen

Den Fisch von oben (also vom Rücken aus) öffnen, Gräten und Eingeweide entfernen. Die Filets dünn mit dem Senf bestreichen. Die Tomaten schälen, entkernen, kleinhacken und drübergeben. Das frische Toastbrot durch ein Sieb streichen und ebenfalls auf die Filets geben. Mit zerlassener Butter beträufeln. Den Fisch in eine Kasserolle legen, etwas Butter, Wein, die gehackte Schalotte, Petersilienstiele und Knoblauchzehe zugeben. Im Ofen 20 Minuten bei 200 Grad garen.
Fisch herausnehmen, die Sauce vor dem Servieren durch ein feines Sieb passieren.

Filets vom St.-Peter-Fisch

- 8 Filets vom St.-Peter-Fisch, mittelgroß
- 1/2 l Weißwein
- 1/2 l Sahne
- 2 Schalotten
- 2 Bund Sauerampfer

Die Filets in eine Kasserolle legen; Wein, gehackte Schalotte, Sahne und in Stücke gezupften Sauerampfer dazugeben. Zehn Minuten köcheln. Die Filets herausnehmen, warmstellen. Die Sauce etwas reduzieren, die Filets wieder zugeben und mit der Sauce überziehen. Vor dem Servieren die Teller kurz unter dem Grill überbacken.

Seeteufel in Pfeffersauce

- 4 Scheiben Seeteufel à 150 g
- 1/2 l Sahne
- 200 g Butter
- 2 TL grüner Pfeffer
- Cognac

Die Seeteufelscheiben mehlieren (Fisch muß vor dem Tranchieren enthäutet sein) und in etwas Butter auf beiden Seiten bei starker Hitze braten. Den Fisch aus der Pfanne nehmen und warmstellen. Den Bratfond mit Sahne ablösen. Pfefferkörner dazugeben, etwas reduzieren und die restliche Butter mit dem Schneebesen stückchenweise einschlagen. Seeteufelscheiben mit der heißen Sauce umgießen und sofort servieren.

Gefüllte Forelle im Gemüsebett

1 Forelle
50 g Butter
1/4 l Sahne
1 dl Portwein
50 g Champignons
1 Karotte
1/4 Sellerie
2 Zucchinis
1 Eigelb

Gemüse und Champignons in feine Streifen schneiden, in wenig Butter leicht andünsten. Zwei Eßlöffel Sahne und das Eigelb dazurühren. Mit dieser Masse die ausgenommene Forelle von der Bauchseite her füllen. Zuvor mit einem kleinen Messer die Gräten sorgfältig entfernen. Die Forelle mit der restlichen Sahne und dem Portwein im Ofen bei 180 Grad garen. Die Haut der Forelle – die übrigens mit Kopf und Schwanz serviert wird – von den Kiemen bis zum Schwanz hin auf beiden Seiten abziehen. Die Sauce etwas reduzieren, die Butter stückchenweise mit dem Schneebesen einschlagen. Kurz vor dem Servieren über die Forelle gießen.

Marinierte Sardinen

Ca. 30 Sardinen
2 Knoblauchzehen
10 Pfefferkörner (zerstoßen)
8 EL Olivenöl
1 Zitrone
1 Zweig Rosmarin
1/2 Bund Thymian
1 Bund Majoran
1 Bund glatte Petersilie (alle Kräuter frisch oder getrocknet)
etwas Meersalz

Die Sardinen ausnehmen, waschen und trockentupfen. Knoblauch und Kräuter nicht zu fein hacken, mit dem Pfeffer und dem Olivenöl mischen und über die Sardinen verteilen. Mindestens 2 Stunden marinieren lassen, dabei die Sardinen einmal wenden. Die gut abgetropften Sardinen grillen, dabei nach dem Wenden öfter mit etwas Marinade einpinseln: Nach dem Grillen mit frischem Zitronensaft beträufeln und etwas salzen.

Gemüsefondue „italienische Art"

Möhren 250 g
1 Paprika rot (250 g)
1 Paprika gelb
Porreestangen (200 g)

Möhren in Scheiben schneiden. Paprikaschoten waschen, entkernen und in Streifen schneiden. Porreestangen waschen und in mittlere Scheiben schneiden.
Alles kann in frischer Brühe oder Instantbrühe geschmort werden.

Als Dip zum Gemüse empfehlen wir Mayonnaise und Joghurt, Verhältnis 2:1.
Dazu 6 EL Olivenöl, etwas Salz und Pfeffer.

Kuchen

Feines Gebäck, Kuchen und feinstes Dessert gehören zusammen. Der krönende Abschluß ist dann ein Cappuccino, Espresso oder auch eine köstliche Käseplatte mit italienischen Käsesorten.

Pannetone

1/4 l warme Milch
30 g Hefe
2 Eigelb
1 Ei
500 g Mehl Type 405
100 g Zucker
100 g Butter
40 g Sukkade
80 g Rosinen
3 EL Butter für die Form, Ø 16 cm (Souffléform)

Milch, Hefe, Ei, Eigelb verrühren und warm abstellen. Mehl, Zucker und Salz vermengen und zu der Milch-Hefe-Mischung geben. Alles 1 Stunde gehen lassen.
Danach den Teig gut kneten, in die gebutterte Form geben und bei 200-220 Grad backen, die Oberfläche des Pannetone zwischendurch immer wieder abbuttern.

Sizilianischer Kirschkuchen

500 g Mehl Type 405
30 g Hefe
2 Eigelb
2 Eier
100 g Zucker
100 g Butter und 30 g für das Backblech
100 g Marzipan
500 g entsteinte Kirschen oder wahlweise Pflaumen

Hefeteig herstellen (wie Pizzateig) und diesen ca. 1 Stunde gehenlassen, immer wieder durchkneten.
Dann den Teig ausrollen und auf das gebutterte Blech legen, die abgetropften Kirschen darauflegen und mit Marzipanflocken belegen.
Bei mittlerer Hitze (150° C) backen nach ca. 20 Minuten den Kuchen leicht abbuttern und bei 220° C weiterbacken.
Die restlichen Marzipanflocken kurz vor dem Backende auflegen.
Backzeit ca. 40-50 Minuten.

Mascarponecreme mit Biskuit

500 g Mascarpone (italienischer Frischkäse; ersatzweise 250 g Speisequark, 40 %, und 250 g Doppelrahmfrischkäse

4 Eigelb

1 Päckchen Vanillezucker

250 g Löffelbiskuits (oder 1 fertiger Biskuit-Obstboden, 250 g)

100 ccm Mandellikör

100 ccm kalter, sehr starker Kaffee (Espresso)

2 EL Kakao

Mascarpone mit Eigelb und Vanillezucker cremig schlagen. Eine rechteckige oder runde Form mit der Hälfte der Löffelbiskuits oder des Tortenbodens auslegen. Mit der Hälfte von Likör und Espresso beträufeln. Die Hälfte der Mascarponecreme daraufstreichen und mit restlichen Biskuits bedecken. Mit Espresso und Likör beträufeln und mit restlicher Creme bestreichen.
Einige Stunden oder über Nacht im Kühlschrank durchziehen lassen. Mit Kakao bestäuben. Fertig ohne Wartezeit in ca. 30 Minuten.

Weinschaumcreme
(Zabaione)

4 Eigelb
50 g Zucker
100 ccm Marsala

Eigelb, Zucker und Marsala in einer Schüssel mischen. Die Schüssel in einen Topf mit siedendem Wasser stellen. Alles mit den Quirlen des Handrührers bei mittlerer Stufe verschlagen, bis die Creme ganz dickschaumig ist. Entweder sofort in Portionsgläser füllen und warm servieren oder die Schüssel aus dem Wasserbad nehmen und weiterschlagen, bis die Creme kalt ist.

Cappuccino mit Gebäck und Amaretto

Kaffee wird ziemlich stark aufgebrüht und mit einer Haube aus geschlagener, gesüßter Sahne serviert.
Etwas Kakaopulver wird zum Schluß übergestreut.
Dazu schmeckt Amarettolikör.

Tip: 2 kleine EL Amaretto in den Cappuccino schmeckt köstlich. Als italienisches Gebäck sind zu empfehlen: Glassatine, Canestrelli und Krenini.

Käseplatte

Käseplatte,
bestehend aus je
100 g Pecorino
100 g Parmesan
100 g Mozzarella
100 g Provolone
100 g Bel Paese
100 g Taleggiokäse

Register

Auberginen, gebraten 13
Auberginen mit Oliven 18
Avocadosalat 74
Bandnudeln
   mit Basilikum 36
Broccoliauflauf 105
Bunter Salat 70
Calzone 82
Carpaccio, mariniert 14
Eingelegte Paprika 13
Eingelegte Zucchini 12
Fischsuppe 28
Fleischbrühe mit Brot 22
Focaccia 80
Forelle, gefüllt 140
Gemüsefondue 144
Gemüsesuppe 24
Gnocchi 98
Gnocchi, süß 100
Grüne Nudeln 42, 43
Kalbfleisch
   mit Thunfischsauce 16
Kalbshaxe 112
Kalbsleber,
   venezianisch 116
Kalbschnitzel
   alla roma 110
Koteletts in Marsala 118
   Koteletts, mariniert 111
Knoblauchbrot,
   geröstet 20
Krabbenomelette 81
Lasagne 62
Lammkoteletts, gegrillt 126
Lamm mit Rosmarin 124
Loup in Senfsauce 139
Makkaronisalat 68
Mascarponecreme 152
Miesmuscheln
   in Weißwein 130
   in Sahnesauce 131
Muscheln in Tomaten 130
Muschelnudeln 54
Muscheln, überbacken 131

Nudelauflauf 104
Nudelomelette 80
Nudelsalat mit Fleisch 67
   Nudelsatat,
   Mailänder 72
   mit Paprika/Mais 67
Obstsalat 76
Omelette 81
Pannetone 148
Penne 34
Pizza Frutti di mare 90
   Mozzarella 88
   Napoletana 82
   Vier Jahreszeiten 84
Polenta-Auflauf 102
Poularde sizilianisch 122
Ravioli 60
Rinderfilet 120
Rindfleischrouladen 114
Risotto, Grundrezept 96
   mit Broccoli 96
   mit Safran 97
   mit Wirsing 97
Scampis 132
Schleifennudeln
   mit Sardellensauce 58
Schweinekotelette 110
Seehecht 138
Seeteufel 139
Seezungenröllchen 138
Spaghetti,
   alla bolognese 33
   al pesto Genovese 48
   Carbonara 32
   mit Knoblauchsauce 50
   mit Miesmuscheln 46
   mit Roquefortsauce 44
   mit Salbei und
   Eigelb 38
   in Schinken-
   Sahnesauce 40
   mit Speck und
   Erbsen 32
   mit Zucchinis 52

St.-Peter-Fisch-Filets 139
Thunfischpizza 86
Tintenfischringe 134
Tintenfischsalat 66
Tomaten und
   Mozzarella 12
Tomaten-Krabben-
   Salat 66
Tomatensuppe 26
Tortellini
Weinschaumcreme 154
Weiße Bohnen
   mit Tomaten 106
Weiße Zwiebeln
   in Mayonnaise 13
Zucchini, eingelegt 12